덩굴꽃이 자유를 주네

현대수필가100인선 II · 90

덩굴꽃이 자유를 주네

이방주 수필선

수필과비평사 · 좋은수필사

■ 책머리에

　수필은 누구나 부담 없이 읽고, 마음만 먹으면 직접 쓸 수도 있는 가장 친근한 문학이다. 다른 영역의 문학이 영상매체에 밀려 신음하고 있는 중에도 수필 인구만은 날로 증가하여 바야흐로 수필 전성시대를 구가하고 있는 이유도 거기에 있을 것이다.
　시대적 추세에 힘입어 수많은 수필전문지, 수필동인지가 창간되고, 이에 비례하여 신진 수필가도 날로 늘어나다 보니 이제는 그 많은 작가, 그 많은 작품 중에서 문학성 높은 작품을 가려 읽는 일이 쉽지 않게 되었다. 이런 현상은 작가에게나 독자에게나 결코 바람직한 일이 아니다. 더 나아가서는 수필을 연구하는 후세들에게도 큰 부담이 될 것이다.
　이런 문제를 해결하는 데는 출판인도 마땅히 한몫을 감당해야 한다는 평소의 소신에 따라, 본사가 기꺼이 그 역할을 맡기로 했다. 그 첫 번째 사업으로 시대를 대표할 만한 수필가 100인을 선정하고, 작가가 자선한 40편 내외의 작품을 수록한 문고본을 발간하여 이를 널리 보급함으로써 그 소임을 다하고자 한다.
　본사는 사명감을 가지고 이 사업을 추진해 나가기로 했다. 작가 선정을 전담할 편집위원회를 구성하고 전권을 위임하여 일체의 사적인 정실이나 청탁을 배제함으로써 전문성과 공정성을 확보해 나갈 것이다.
　따라서 이 기획물 속에는 작가의 문학정신뿐만 아니라, 본사의 문학사적 기여 의지와 편집위원 제위의 수필문학에 대한 애정과 문인으로서의 양심이 함께 담겨 있음을 자부한다. 다만, 작가를 선정하는 기준에는 많은 견해의 차이가 있을 수 있고, 선정 과정에서도 미처 챙기지 못한 부분이 있을 것이라는 사실만은 인정하지 않을 수 없다. 이 점에 대해서는 관계자 여러분의 양해 있으시기 바란다.

이 시리즈의 발간 순서는 작가, 또는 본사의 사정에 의한 것일 뿐 그 밖의 어떤 기준도 적용하지 않았음을 밝힌다.

본 기획물이 시대를 초월한 많은 수필 애호가들의 관심과 애정 속에 우리나라 수필문학 발전에 한 이정표가 되기를 바랄 뿐이다.

본사에서는 이상과 같은 취지로 ≪현대수필가 100인선≫ 전 100권을 완간하여 큰 반향을 불러일으킨 바 있다.

그러나 우리 수필문단의 규모나 수필문학의 수준에 비추어 선정 작가를 100인으로 한정하는 것은 형평성이나 효율성 면에서 크게 부족하다는 의견이 많았고, 본사 또한 이를 통감하던 터라 기꺼이 ≪현대수필가 100인선 II≫를 발간하기로 했다.

본사의 충정에 찬동하여 출판에 응해주신 저자 여러분에게 진심으로 감사한다.

2014년 9월 일

수필과비평사 · 좋은수필사 발행인 서 정 환
현대수필가 100인선 간행 편집위원 박 재 식 최 병 호
정 진 권 강 호 형
오 세 윤

| 차례 |

1_부 인연因緣

인연 • 12
물들이기 • 17
이제 그의 꽃이 되고 싶다 • 22
풀등에 뜬 그림자 • 28
축 읽는 아이 • 31
해우소解憂所에서 • 35
아침 햇살 같은 고독 • 40
난蘭에 물을 주다 보니 • 43
섬초롱꽃 인연 • 47
노각 • 51

2_부 깊은 사랑법

동백꽃 사랑 • 58
파도는 바다에 산다 • 64
댕댕이덩굴꽃에 어리는 어머니 • 68
내 아들 남의 아들 • 73
새우젓 • 78
미선과 부채바람 • 84
다래꽃 깊은 사랑법 • 89
낮달이꽃 사랑 • 94
가을 여인 구절초꽃 • 100
민들레는 인제 씨나래를 날리네 • 104

3_부 분꽃 피는 시간

눈길에서 • 110
땅의 부름 하늘의 울림 • 115
줄 • 120
불의 예술 • 125
팔려가는 소 • 132
진눈깨비 맞는 장롱 • 137
백골산성에서 • 142
가림성 사랑나무 • 148
분꽃 피는 시간 • 152
덩굴꽃이 자유를 주네 • 155

4_부   원시의 향

독버섯 • 162
수몰지구 미소아줌마 • 165
쇠비름처럼 • 171
껍질 벗는 대나무 • 176
조화의 맛 • 179
원시의 향 • 185
산초나무꽃을 보니 • 190
벼꽃, 밥꽃 하나 피었네 • 194
하늘말나리의 하늘 • 199
칠보산 함박꽃 • 202

■ 작가연보 • 207

1부

인연
물들이기
이제 그의 꽃이 되고 싶다
풀등에 뜬 그림자
축 읽는 아이
해우소解憂所에서
아침 햇살 같은 고독
난蘭에 물을 주다 보니
섬초롱꽃 인연
노각

인연

 퇴근길에 절에 들렀다. 청아한 목탁 소리가 정적을 울린다. 뜰에 서 있는 보리수 잎이 떨리는 듯하다. 잦은 비로 골짜기 물소리도 제법 화음을 이룬다.
 골목을 나서 대로에 이르면 수많은 자동차와 함께 질주해야 한다. 그 북새통을 지나 동부우회도로와 교차로를 훌쩍 넘으면 금방 자연 속으로 빠져든다. 포도밭 사이로 잘 지은 전원주택이 지상의 낙원처럼 아름답다. 용박골을 들어서면 포도밭은 더 많아진다. 꼬불꼬불 좁고 비탈진 길을 간신히 달리면 보살사 주차장에 차를 세울 수가 있다. 서방정토西方淨土에 이르는 길은 멀고도 험한 것 같지만 아름다운 포도원을 거쳐갈 수 있어서 좋다. 도심에서 시오리 길, 여기에 이런 고요가 있다는 것이 말할 수 없이 은혜롭다.

극락보전에서 거룩한 아미타부처님을 바라보며 삼배를 올린다. 나의 신앙은 고작 삼배일 뿐이다. 탑돌이도 삼성각 참배도 할 줄 모른다. 삼배의 순간만이라도 진정으로 순수한 마음으로 돌아갈 수 있는지 돌아 나오는 가슴을 쓰다듬어 본다.

나는 불교의 교리를 모른다. 그런데 나의 신앙과의 인연은 남다르다고 할 수 있다. 내가 보살사와 처음 인연을 맺은 것은 중학교 1학년 때의 일이다. 개구쟁이 마음으로 학교에서 이십 리도 더 되는 산골짜기에 있는 고찰을 걸어서 가는 길이 꽤나 짜증스러웠을 텐데도 그렇게 멀미 나지 않았다. 그런데 지금 와서 봐도 다른 절과 별다른 것이 없듯이, 그때도 고찰이라는 것 외에 별다른 점은 발견하지 못했다. 그런데도 어린 나이에 진한 감동을 받았던 것 같다.

그 후에 다른 사찰을 방문할 때면 늘 보살사와 비교하게 되었다. 그때마다 관광 이외의 의미를 갖지 못했다. 법주사도 그랬고, 불국사도 그랬으며, 석굴암을 갔을 때도 그랬다. 나는 늘 보살사가 머릿속에서 떠나지 않았고, 보살사가 사찰을 보는 기준이 되었다.

결혼을 할 때까지도 나의 신앙심은 그렇게 튼실한 것은 아니었다. 그래도 사찰 얘기가 나오면 보살사를 잊지 않았다. 결혼하고 보살사가 생각나서 아내와 함께 걸어서 찾아갔다. 용암동 버스 종점이 지금의 청석고등학교 부근 어디쯤이었는데 중고개라는 고개까지 넘어 걸어가기에는 가까운 거리는 아니었다. 아내는 구두를 신고 나선 길이라 발에 물집까지 잡혀서 괴로워했다.

마침 주지 스님 한 분만 계시고 경내는 고요하기만 했다. 스님은 우리를 보시고 이 절과 인연이 있는 것 같다고 말씀을 하셨다. 우리 내외는 스님께서 손수 우려내신 녹차를 대접받았다.

"두 분이 참으로 천생연분이시네. 약혼하실 건가, 결혼하실 건가?"

우리는 이미 부부임을 스님께 말씀드렸다. 스님께서는 아주 잘한 일이라며 아들도 낳고 매우 착하게 살 것 같다고 말씀하셨다.

'불망언不忘言'이라는 계율을 생각했어도 스님께서 으레 하시는 말씀이려니 생각했다. 그래도 우리는 기분이 좋았다. 그 때 아내는 불교와 큰 인연이 없어 흥미를 느끼지 못하는 것 같았지만 그래도 착하게 살 사람들이란 말에 기분이 괜찮은 모양이었다.

그 후 우리는 '착하게 살 사람들'이란 말을 잊지 않으며 죄를 짓지 않으려고 노력하면서 살게 되었다. '착하게 살 사람들'이란 말씀이 우리 내외가 지켜야 할 규범이 된 것이다. 임지가 바뀌어 몇 해 동안 객지를 돌다가 고향에 자리를 잡게 되면서 보살사를 다시 찾게 되고 아예 신도가 되었다. 두 아이는 건강하고 착하게 성장하고 우리 내외도 이렇다 할 문제없이 살아온 것도 점점 깊어가는 믿음의 덕으로 생각하고 있었다.

한번은 아버지를 모시고 절에 가게 되었다. 유학자이시지만 불교에도 많은 관심이 있으셨다. 돌아오는 길에 옛날에 할머니께서 이 절에 기도하셔서 나를 낳게 되었다는 말씀을 해주셨다.

"아들이 셋이나 되는데도 딸이 넷이라, 아들이 하나 부족하다고 전쟁 중인데도 내게 쌀 서 말을 지워 여기까지 와서 칠일 기도를 하고 곧 너를 갖게 되었지."

이 말씀을 듣고 전에 스님께서 하시던 말씀이 생각났다. 참으로 기이한 인연이란 생각이 들었다. 그 후 아내와 나의 믿음은 더욱 깊어졌다. 더구나 불교계에서 많은 존경을 받으시는 종산 스님이 부임하시고는 인연은 더욱 깊어졌다. 스님의 한 말씀 한 말씀이 삶의 지남차가 되었다.

내가 가르치는 아이들 대학입학원서 접수를 앞두고는 날마다 수업이 없는 시간에 몰래 빠져나와 부처님 앞에 무릎을 꿇었다. 손과 입으로 지은 죄를 깨끗이 하고 원서에 손을 대기 위해서였다. 3학년부장이라는 보직을 맡았을 때는 담임선생님들께 보살사 정화수만 드시게 하려고 노력했다. 날마다 물통을 가지고 산사에 가서 물을 길어 날랐다. 우리 열한 명의 교사들은 한 몸처럼 화합한 것이 정화수의 덕이라 믿는다.

더욱 중요한 것은 현실주의자였던 내가 내세來世에 대해서 확연하지는 않지만 믿음이 생기게 되었다는 것이다. 그러므로 인연이란 말도 어느 정도 수긍하고 있는 터이다. 피나는 노력에 따라 운명의 가닥을 빨리 잡을 수 있는 것이 진정한 인연이라고 생각한다.

보살사와의 만남을 통해서 지혜의 생명을 얻었고, 신앙을 만났고, 내 삶이 지향해야 하는 십자성을 찾았으며, 인연 그 자체의 소중한 가치를 깨달았다.

나의 육신을 점지하고 영혼의 문을 열어준 보살사에는 오늘도 산새 소리가 스님의 목탁 소리와 화음을 이룬다.

(2001. ≪풀등에 뜬 그림자≫)

물들이기

　참으로 오랜만에 산행다운 산행을 했다. 지난 가야산 산행 때는 때 아닌 비가 내려서, 절 방에 앉아 된장찌개를 얻어 도시락만 먹고 내려 왔을 뿐, 단풍은 구경도 못했었다. 정말 이 가을에는 단풍은 꿈도 꾸지 말아야겠다고 포기하고 있을 때, 친구 연 선생으로부터 전화가 왔다. 내장산 단풍이 아직 끝나지 않았으니 어떠냐는 것이다. 좋다. 더구나 차를 가져가지 않아도 된다니 얼마나 좋은 일인가?
　내장산은 추억이 있는 산이다. 대학 1학년 때, 우리 친구 다섯이서 떠났다가 같은 학교 1년 선배 여학생 다섯을 만나 그야말로 단풍빛 추억을 만든 곳이다. 그리고는 실로 30년 만에 친구 내외와 함께 떠나는 것이다. 버스가 출발할 때까지 과거의 추억이 되살아날 것 같은 기대와 함께 가벼운 흥분이 가시지 않았다.

그러나 버스가 '추령'이라는 고개에 도착하여 인원 점검을 하고, 안내원의 안내를 받으며 능선을 올라서서 불출봉과 내장사가 있는 계곡을 내려다보아도, 불출봉이나 내장사로 들어가는 긴 계곡만 기억이 날 뿐 케이블카가 오르내리는 삭도가 들어선 계곡이나 수려한 계곡에 괴물처럼 들어선 시멘트 건물에 짓눌려 아름다운 추억은 되살아날 기미를 보이지 않았다.

장군봉에 올라 계곡을 내려다보니 온통 단풍이 천지다. 내장사 절집의 잿빛 지붕이 언뜻언뜻 보이는 숲 사이로 옛 군대 행렬의 깃발처럼 단풍의 붉은 물이 아래로 꿈틀거리며 흐르고 있었다. 아직도 푸른 나무들 사이로 붉은색, 노랑색, 갈색이 어우러져 또 하나의 극락을 이루고 있다.

붉은색은 단풍나무일 것이다. 단풍나무는 관목과 교목 사이에서 적당히 볕을 받으며, 골짜기 흐르는 물을 나름대로 받아먹으면서 돌 틈에 뿌리를 간신히 내리고도 아주 단단하게 자라는 나무다. 단풍은 가을 단풍만 아름다운 것이 아니다. 봄에 새순이 날 때에도 그 어린아이 손바닥 같은 여리고 가냘픔으로 하늘빛을 통할 것 같이 투명한 연록의 아름다움을 보여준다. 바람이 잔잔하게 불면, 여린 잎을 하늘거리며 하늘에 한 해의 소망을 비는 것 같은 순수를 볼 수 있어서 우리를 감동하게 한다. 여름 교목 사이로 쏟아져 내리는 짱짱한 햇볕을 은혜처럼 받으며 여리고 어린 손바닥은 짙푸른 녹음으로 변해 간다.

그게 이 가을에 그렇게 고운 빛으로 물들이기를 하는 것이다.

단풍보다도 더 선혈이 흐르듯 붉은빛을 내는 것은 개가죽나무이다. 개가죽나무 잎은 단풍보다 길고 두텁지만 그렇게 옹골지지는 못하다. 마치 비단에 솜을 놓아 도도록하게 만든 옛날 처녀애들의 댕기처럼 그렇게 포근하면서도 부드럽다. 단풍보다 더 붉어서 징그러울 정도이다. 개가죽나무 단풍을 한 이파리 따서 손바닥 위에 올려놓고 가만히 들여다보면, 잎맥을 따라 붉은 물이 흘러드는 모습을 볼 수 있다. 처음에 굵은 잎맥을 따라 붉게 올라가던 물감이 가늘게 갈라지면서 온 이파리에 퍼져 붉게 물들이기를 하는 것이다. 그러다가 가을이 깊어갈수록 개가죽 나무 잎이 안으로 또르르 말려 들어가다가 붉은색이 갈색으로 변하면 그 화려한 생애의 막을 내리는 것이다.

산벚나무는 짙은 초록에서 붉은색으로 변해가다 보랏빛을 담고 있고, 진달래들은 꽃보다 더 붉은빛으로 그 잎사귀를 물들이고 있다.

내장사 경내는 온통 단풍 천지였다. 경내에서 일주문으로 빠지는 길 양편에 가로수처럼 들어선 키 큰 단풍들은 붉은색도 있고, 샛노란 색으로 짙푸른 하늘과 대비를 이루는 것도 있고, 아직도 짙은 초록이 있는가 하면, 물들이기에 실패했는지 그냥 말라 떨어지는 애처로운 놈도 있다.

대체 나무들은 어떻게 살아왔기에 그렇게 현란한 빛으로 생을 마감하는 것일까. 아무런 탐욕도 없이 하늘의 뜻대로 볕을 내리면 따스함을 받고, 비를 내리면 시원함을 받으면서, 몸뚱어리를 굵고 단단히 하고, 꽃을 피워 열매를 맺고 씨를 퍼뜨려 종족을 번성하는 일이 사람과 다를 게 없지 않은가?

나무들 가운데, 아니 같은 단풍나무라도 어떤 놈은 붉게 물들고, 어떤 놈은 샛노란 아름다움을 드러내기도 하는가 하면, 어떤 놈은 그냥 그대로 비들비들 말라버리는 것도 있듯이 그렇게 모두 다른 이유는 무엇일까? 어떻게 살아야 계절의 중턱을 넘어서는 시점에서 생을 마감하면서 그렇게 현란한 빛을 낼 수 있는 것인가?

30년 전 백양사에서 내장사로 넘어오던 금선계곡을 지나 내장사 경내에서 단풍을 보면서, 갑자기 나는 어떤 색깔로 물들이기를 해야 할까 하는 생각이 났다. 아니다. 그 생각은 30년 전 여기서 했어야 한다. 나는 이미 물들이기는 끝난 것이 아닐까? 이제 인생의 가을에 들어선 지금, 이미 나는 나의 인생의 빛깔을 드러내기 시작했는지도 모를 일이다. 나는 과연 어떤 색깔일까? 단풍나무처럼 그렇게 현란한 아름다움을 지녔을까? 단풍이면서도 노랗게 물들어 있을까? 개가죽나뭇잎처럼 핏빛으로 제 몸을 돌돌 말고 있을까? 아니면, 붉은 빛도 노란빛도 내지 못하고 그냥 갈색 낙엽이 되어 떨어질 준비를 할까? 그때 그 친구들은 지금 어떤 빛을 내고 있을까? 여기까지 생각하니 참으로 무서운 생각이 났다. 내가 내고 있는 빛깔의 두려움 때문만이 아니다. 돌이킬 수 없는 내 삶이 두려운 것이다.

난 아직 그냥 짙푸른 녹색을 지닌 도톰한 이파리로 남아 있었으면 좋겠다. 가을 햇발이 아직도 저렇게 쨍쨍한데, 아직도 한나절에는 그늘을 찾는 사람들이 저렇게 서성이는데, 아직도 무서리를 피해 비틀거리며 숲을 찾는 고추잠자리가 남아있는데, 그들에게 작은 그늘이라도 지워줄 짙푸른 녹음을 지닌 도톰한 이파리로 남아있었으면 좋겠다. 이제부터 물들이기를 시작할 수 있도록 말이다. 지난날들을 반성하면서 이제부터 가장 화려한 색깔로 물들이기를 할 수 있도록 말이다.

　아니 그런 생각은 그대로 또한 탐욕이 아닐까? 푸른색인 채로 말라 떨어지는 그 놈들이 바로 나 같은 탐욕의 화신이 아닐까? 그렇다면, 노란색이든, 붉은색이든, 아니 그냥 시들어 떨어지는 처절함이라도 그냥 지은 대로 거두리라 생각하면서 버스에 올랐다.

　돌아오는 길, 긴 가뭄에도 섬진강 물줄기가 노을에 반짝인다.

(2001. ≪축 읽는 아이≫)

이제는 그의 꽃이 되고 싶다

'이름'이라는 말은 '무엇 무엇을 이르다.'라는 말의 '이르다'에서 파생된 명사이다. 이 세상의 모든 언어는 모두 이름이라고 해야 할 것이다. 물론 동사도 있고 형용사도 있지만, 그것조차도 처음으로 돌아가 생각해 보면 어떤 개념을 지시하는 것이므로 이름이라고 하는 것이 마땅하다. 예를 들면 '아름답다'라는 형용사는 그런 추상적인 개념을 이르기에 알맞은 구체적인 이름이다. 그러므로 어떤 언어든 이름 아닌 것은 없다. 곧 형용사는 상태를 이르는 이름이고, 동사는 동작을 이르는 이름이다. 따라서 언어는 이름으로부터 시작된 것이다. 어린아이가 말을 배우는 것도 이름부터 배우는 것을 봐도 알 수 있다.

사람의 이름만큼 절실한 소망을 담은 그릇은 없다. 그래서 소망을 담은 이름 이야기는 참으로 많이 전해지고 있다. 매월

당梅月堂 김시습은 세종께서 《논어》의 '學而時習之不亦說乎 (배우고 때때로 그것을 익히니 또한 기쁘지 아니한가)'에서 '時習'을 떼어 이름으로 지어 주셨다고 한다. 성군이 신동에게 바라는 소망이 드러나 있다.

  이름에는 이와 같이 학업의 성취나, 입신양명, 남자로서 갖추어야 하는 덕망, 여성으로서 지녀야 하는 부덕 등을 담기도 하였다. 이름에는 또 건강하고 평범하게 살기만 해도 복이라는 옛 부모들의 소박한 소망을 담아 짓기도 하였다. 전하는 이야기에 의하면 조선 예종은 맏아들 이름을 '분糞'이라 짓고 '똥'이라고 불렀다고 한다. 왕자들이 건강하지 못하고 일찍 세상을 뜨니까 수명장수를 기원하는 뜻에서 그렇게 지었을 것이다. 서민의 자식처럼 천하게 굴러다니면서 자라야 건강하게 오래 살 수 있으리라는 믿음에서 나온 부모로서의 소박한 소망이었을 것이다.

  이렇게 사람의 이름에는 부모나 주변 사람들의 소망이 담겨 있다. 그런데 소망을 담을 수 있는 것은 두 자 이름 가운데 단 한 글자밖에 없다. 다른 한 자는 항렬자이기 때문이다. 그 단 한 글자에 일생의 소망을 다 담기란 참으로 어려운 일일 것이다. 그래서 이름을 지으려면 한학자나 작명가를 동원하게 되었는지도 모른다.

  그러면 나의 이름에는 부모님의 어떤 소망이 담겨 있을까? 작명가도 이름난 한학자도 동원하지 않고, 아버지께서 손수 지으신 내 이름이다. 항렬자인 '周'자 한 글자를 제외하고 수많은 글자 중에서 '芳'을 택하셔서 당신의 소망을 담으신 것이다.

사내 이름치고는 좀 어색한 글자인 '꽃다울 芳'을 택하신 아버지의 꿈은 과연 무엇이었을까? 나는 종종 이름에 얽힌 아버지의 꿈을 생각해 본다. 어떤 때는 항렬자와 곁들여 고민을 해보기도 한다. 뾰족한 대답은 나오지 않는다. 그러나 쉽게 생각하면 아주 간단하다. 그건 '두루 주변이 꽃다운 사람'이 되라는 것이다. 그러고 보니 아버지께서 소망하신 것은 참으로 의미 깊은 일이고, 자식을 위하여 참으로 가당찮은 욕심을 부리신 것이라는 생각이 들었다. 내 자신이 꽃다운 것이 아니라, 나의 주위가 꽃답다면, 삶이 얼마나 행복하고 황홀하겠는가? 가는 곳마다 온통 꽃으로 장식된 삶은 생각만 해도 가슴 두근거리는 일이다. 한시를 쓰셨던 아버지만이 가지실만 한 낭만적 소망이라는 생각이 든다.

내 삶은 과연 아버지의 소망대로 이루어지고 있는가. 생각해보면 참으로 재미있는 일이다. 어린 시절 나는 넷이나 되는 누나들의 경쟁적인 사랑 속에서 살았다. 초등학교 시절 내 검은색 교복의 흰 칼라는 항상 **빳빳**하게 풀을 먹여 세워졌고, 긴 겨울에도 손등 한번 갈라질 틈이 없었다. 양재기술이 있었던 누님이 어른들 양복을 줄여 만든 모직 재킷을 입고 다니기도 했다. 도시락에는 종종 그 귀한 계란 반숙이 감추어져 있기도 했다.

나는 삼십여 년 교직생활을 대개 여학생을 가르쳤다. 여학생들에게 시나 소설을 가르치는 일처럼 흥미진진한 일은 없다. 시를 문학으로 보지 않고 대학 입시 문제의 텍스트로 보는 목석같은 아이들도 시 한 편에 눈이 초롱초롱해지기도 하고, 눈물을 글썽이기도 한다. 소설과 삶을 이야기할 때마다 감동의 시선이 가슴을 찌르기도 한다. 책상에 꽃이 시들 틈이 없었고, 입이 궁금할 사이가 없이 과일 같은 것이 책상에 쌓였다. 이 나이에도 핸드폰에는 문자메시지가 쌓인다. 이런 아름다움 속에서 산다는 것은 보통으로 누릴 수 있는 복이 아니다.

함께 술 마실 수 있는 사람들은 모두 꽃같이 아름다운 심성을 가지고 있는 사람들이다. 주변에 모이는 사람들은 모두 살가운 정을 가지고 있는 이들이다. 눈빛만으로도 한 아름 꽃다발을 대신할 수 있는 그런 사람들이다. 뭐든 자꾸 함께 하고 싶어 하고, 뭐든 자꾸 나누어 주고 싶어 하는 이들이 내 곁에 모인다. 소주 한잔에도 흥겨워지고, 점심 한 끼에도 훈훈해질 수 있는 소박하고 아름다운 이들이다.

어쩌다 없는 재주로 문학을 가까이하게 되었고, 그래서 만난 문학 친구들은 또 송이송이 꽃이다. 내 글에 공감과 비판을 함께 주는 장미도 있고, 어설픈 내 삶의 순간을 사진으로 정지시켜 보내주는 백합도 있다. 음치에 가까운 내 노래를 듣고 싶어 하는 목련도 있다. 꽃 중에는 물론 백합이나 목련만 있는 것은 아니다. 때로 가시 많은 장미도 있고, 덩굴진 찔레꽃도 있지만, 그래도 바탕에는 꽃다운 정이 가득하고 그것 역시 나의 주변을 지켜 주는 것이 아닌가?

　나는 이름에 담긴 아버지의 소망이 이렇게 이루어지고 있는 것을 보면서 언젠가부터 오만해지기 시작했다. 종종 '세상이 꽃처럼 내게 와서 나를 황홀하게 하는 것이 아니라, 내가 세상에 가서 그들을 꽃답게 해 주고 있다.'라는 방자한 마음을 갖게 된 것이다. 주변으로 인하여 내가 은혜를 입는 것이 아니라, 나로 인하여 주변이 은혜를 입는다는 생각처럼 어리석은 생각은 없을 것이다. 그런데 나는 그런 철부지 같은 생각을 하게 되었다.

　사실은 이제 내가 먼저 그들에게 달려가 그들의 꽃이 되어야 할 때가 되었다고 생각한 것은 정말 최근의 일이다. 지금까지 나의 주변을 화사하게 만들어준 이들이 원하는 것이 무엇인가를 생각해야 될 때가 된 것이다. 그저 주변을 화사하게 꾸미기만 하는 꽃이 아니라, 다른 사람의 삶의 의미를 돋보이게 할 수 있는 존재, 그럼으로써 조금이나마 나의 존재 의미를 지탱할 수 있도록 거듭나기가 되었으면 좋겠다. 주변을 위한 내가 됨으로써 남이 나를 드러내 주는 그런 꽃이 되었으면 좋겠다.

　아버지께서 애초에 가지신 소망은 바로 그것이었을 것이다. 아버지의 소망을 이루기 위하여, 꽃다운 나의 이름을 위하여, 의미 있는 나 자신을 위하여, 이젠 나도 그에게로 가서 그의 꽃이 되고 싶다.

(2005. ≪손맛≫)

풀등에 뜬 그림자

 대이작도 풀등에 갔다. 아침 햇살이 바다 위에 은빛 은혜를 쏟아 붓고 있었다. 풀등은 해안에서 모터보트로 3분쯤 거리에 있는 나지막한 모래톱이다. 배에서 내려서니 파도에 다져진 모래언덕이 딱딱하다. 파도가 씻어 놓은 모래는 물결무늬가 그대로 남아 파도인지 모래인지 구분이 안 될 지경이다. 맨발로 나긋나긋한 촉감을 느끼며 걸었다.
 아침 그림자가 길게 앞장을 선다. 엄청나게 길다. 내 그림자가 이렇게 길고 큰가? 내가 이렇게 커질 수도 있는 인물이었나? 나는 내 그림자의 키가 너무 크고 긴 데 놀랐다. 태양이 은혜의 빛을 얼마만큼 주는가에 따라 생명은 달라질 수 있다는 것만 알았었다. 그런데 태양이 존재하는 위치에 따라 이렇게 커질 수 있다는 사실에 놀랐다. 태양이여, 이제라도 그곳에서 영원히 나를 비추어 주소서. 이런 지나친 욕망을 가져 보았다.
　나는 그림자를 따라 걸었다. 나는 내 그림자인데도 내 맘대로 할 수 없다. 내가 밟을 수 있는 것은 다만 그림자의 발등뿐이다. 무릎은 너무 멀고 장딴지라도 밟아보려고 애를 썼으나 밟으면 거기는 바로 발등이 된다. 나는 내 그림자의 장딴지를 밟을 수 없다. 따르고 싶은 곳을 따를 수 없어 안타깝다. 아, 나는 그림조차도 따를 수 없구나. 그러고 보니 태양이 등 뒤에 있으면 내가 그림자를 따르게 되지만 따르고 싶은 곳을 따를 수 없다. 내가 따를 수 있는 것은 다만 그림자의 발등뿐이다.
　태양이 나의 앞에서 비추어 주면 어떨까? 내 그림자의 크기는 마찬가지이겠지. 내가 태양을 안고 있으면 나는 그림자를 데리고 내 길을 떠나야 한다. 그림자는 아무리 노력해도 내 발등 이상을 따를 수 없다. 태양은 우리에게 어디에서 얼마만큼만 능력을 허용하는 것인가. 그것은 아무도 모른다. 그냥 섭리일 뿐이다.
　모래섬 위에 아직도 흘러가지 못한 작은 호수가 있어서 발을 담가 본다. 웅덩이라고 하기에는 너무 아름다워 호수라고 부른다. 물이 장딴지까지 올라온다. 거기에 서 보았다. 그림자가 앞에 선다. 그림자가 아까만큼 크고 길다. 그런데 빛이 다르다. 그림자에 기름이 돈다. 맑은 기름이 자르르 흐른다. 얇은 명주에 그려놓은 수묵화 같다. 내 안의 더러움이 소금물에 씻겨버린 것이다. 깨끗하다. 맑고 투명하다.

그렇구나. 태양은 내가 설 자리는 어쩌지 못하는구나. 나를 키워주는 것은 태양이지만 서 있는 모습은 내 의지적 선택에 따를 뿐이다. 나는 어디에 무엇으로 서 있어야 할까? 어디에 서는 것, 무엇으로 서는 것, 어떤 크기로 서 있는 것은 중요하지 않다. 그런 것은 내가 알 수도 없다. 다만 좀 더 투명하게 서 있어야 한다는 것만을 풀등에서 그림자에게 배운다.

(2013. ≪풀등에 뜬 그림자≫)

축 읽는 아이

 나는 참으로 어두운 시절에 고등학교를 다녔다. 사회는 고등학생인 우리에게 올바른 가치를 일러주지 못하였다. 올바른 삶에 대한 의문은 끝이 없었다.
 2학년 때 이른 봄으로 기억되는데, 토요일 오후 언제나 마찬가지로 터덜터덜 배티(모충동에서 충북대학 넘어가는 고개)를 넘어 집으로 돌아가는 길이었다. 주먹만 한 자갈들이 뒹구는 비포장도로는 가끔 차라도 한 대 지나가면 먼지가 날렸다. 고갯마루에 올라서면 오른쪽에 큰 방죽이 보이고, 방죽 건너에는 공동묘지가 있었다. 공동묘지는 남향이라 봄기운이 완연하고 봉글봉글한 무덤 위에는 아지랑이가 아른아른 피어오르고 있었다. 가장 따뜻한 무덤 위에는 보송보송한 할미꽃이 피어났을 것이라는 생각을 하면서 걷는데 어디서 누군가를 부르는 소리가 들렸다.

"학생, 하악생, 나조옴 봐요오오……."

둘러보니 묘지에서 흰옷 입은 대여섯 사람이 나를 향해 손짓하고 있었다. '왜 저럴까? 못 본 척하고 가 버려야지.' 하며 고개를 돌리고 걸음을 재촉하면서도 궁금해서 견딜 수 없었다. 묘지 쪽을 바라보니 손나발을 하고 애타게 나를 부른다. '설마 귀신이 대낮에 나와서 나를 잡아가려고 부르는 건 아니겠지. 한 번 가 보자.' 나는 둑을 지나 방죽을 건너 공동묘지를 바라보며 걸어갔다. 그들은 책가방을 받고 부축까지 하면서 나를 맞았다. 마치 구원의 신이나 맞이하듯이…….

"학생, 학생 한문을 좀 아는지."

그들은 축문祝文을 내놓았다. 그때는 그저 제사의 축문이거니 생각했는데, 지금 와서 생각하니 그것은 제주축題主祝 또는 평토축平土祝이었다. 나는 대강 그 축문을 훑어보았다. 모르는 글자는 거의 없었다. 그래도 종가의 막내라 독축 소리는 수도 없이 들었으니까. 또 한두 자 잘못 읽는다 해도 그들이 알 턱도 없고.

어른들의 조심스러운 시선이 모두 내 얼굴로 향했다. 나는 망설였다. 이것이 옳은 일인가? 아버지의 얼굴이 떠올랐다. 아버지의 뜻을 거역하는 일이나 아닐까? 그러나, 여기 애타게 나를 쳐다보는 이들이 있지 않은가? 그나마, '배운 사람'이라고 말이다. 나도 모르는 사이에 고개를 끄덕이고 말았다. 그들은 서둘러 준비를 했고, 나는 떨리는 마음으로 축문을 더듬으며 침을 발라 입술을 축이며 기어들어가는 목청을 가다듬어 보려고 애썼다. 집에서야 독축이 어디 내 차지가 되기나 했어야 말이지. 드디어 제사는 시작되었다. 나는 떨리는 가슴을 진정하고 목청을 끌어 올렸다.

"維歲次…… 魂箱猶存 仍舊是依"

처음에는 목이 막히고 떨리더니, 중간쯤 가니 내가 들어도 유창한 독축 소리가 되어 묘지에 울려 퍼졌다. 제사를 마치고 음복주를 한잔 얻어 목을 축이고, 대단한 사람처럼 배웅을 받으며 묘지를 내려 왔다. 못 마시는 음복주가 다리를 휘청거리게 한다.

잘한 일인가? 잘못을 저지른 일인가? 아버지께서 걱정하지 않으실까? 집에 돌아와서도 머리가 어수선했다. 그러나 말씀드리지 않을 수 없었다. 나는 비교적 자세히, 그리고 내가 축을 읽을 수밖에 없었던 처지를 말씀드렸다. 그리고 아버지의 얼굴을 살폈다. 불호령이 내릴 것만 같아서 숨이 막혔다.

'양반의 자식이, 근본을 모르는 사람 축이나 읽어 주고, 음복술에 얼굴이 벌개서 돌아오다니, 네가 초상집에 개더냐? 못난 사람.' 하고 말이다. 그러나 그건 기우杞憂였다. 오히려 온화하고 만족스러운 빛을 띠시면서,

"그래, 뭐 축이 제대로 됐을까?"

"제사 때 어른들이 읽는 거 흉내를 냈어요."

"그래 잘했다. 배운 사람이 배운 사람 노릇을 한 번 제대로 했다. 그 사람들이 얼마나 몸이 달았으면 너를 불렀겠냐? 배운 사람은 그렇게 깜깜한 사람을 훤하게 밝혀 주는 거지. 맞아 빛이 되는 기여."

나는 그때의 감격과 뿌듯함을 잊지 못한다. '배운 사람의 배운 사람 노릇'을 했다거나 '어둠의 빛'이 어디 내게 해당하기나 한 말씀인가? 그러나 다만 '어둠의 빛'이란 그 말씀은 방황하던 내게는 생명수와도 같은 말씀이셨다.

선생이 되어 이십여 년을 넘어선 요즈음, 내 서재에서 유리창을 열면 바로 내가 어려서 축을 읽어 주던 그 언덕이 보인다. 지금은 방죽도 없어지고 묘지도 없어져, 산 사람들이 모여 사는 고층 아파트가 빼곡히 들어섰지만, 눈을 감으면 그때의 그 모습이 아련히 떠오르곤 한다. 내가 방황하고 번민하던 때의 생명수가 되었던 '어둠의 빛'이란 말씀에 나는 얼마나 가까이 가고 있는 것일까? 이제 내 서재는 아버님이 오셔서 계시지만, 그때의 일을 기억이나 하실까? 아니면, '이 사람이 어둠이 빛이 되어 가고 있는가.' 하고 살피실까. 이런 생각들을 하면서 교직 이십여 년을 돌아본다. 아무튼 그때의 그 사건과 아버지의 그 말씀은 나의 삶의 길에 한 방향을 정해 주신 일이었다.

(1995. ≪축 읽는 아이≫)

해우소解憂所에서

산에 가지 못하는 일요일이다.

이 나이에는 조금이라도 땀을 내야 살 수 있다는 생각으로 가까운 우암산에라도 가기로 했다.

점심을 먹고 시내버스를 타고 상당공원에서 내려 삼일공원에 올라가려니 진땀이 바작바작 났다. 동상은 넘어진 정춘수 목사의 좌대를 바라보고 있노라니 아랫배가 쌀쌀 아파 왔다. 어제 저녁의 탐욕이 말썽을 부리는가 보다. 급히 공원 주차장 옆에 있는 간이 화장실 문을 열었다. 그야말로 발 디딜 틈이 없다. 남이 보지 않는 곳에서 인간의 타락의 오지奧地를 잘도 보여주고 있었다. 그래도 내가 급하니까 어쩔 수 없이 발을 들여놓자니 플라스틱 상판이 '우지직' 죽는 소리를 내었다. 아랫배에서 꿈틀대는 그놈이 그새 몸무게를 늘였나 보다.

갑자기 아프던 배가 사르르 정상으로 돌아온다. 그냥 올라가자. 올라가면 시민들이 많이 오니까 간이 화장실이라도 있겠지. 아니 전에 올랐을 때 있었지 않았나? 아니 있었어.

그냥 산에 오르기 시작했다. 10분쯤 올라가니 어떤 사람이 진달랜지 철쭉인지 심어 놓고 물을 뿌리고 있었다. 아마도 시에서 하청 받은 듯하다. 호스에서 쏟아지는 물줄기가 시원하다. 시원한 물줄기를 보니 반사적으로 갑자기 아랫배가 '싸르르' 아프고 뒤가 묵직해 온다.

사방을 둘러보아도 몸을 가릴 데라곤 없다. 그냥 뛰어 올랐다. 먹거리에 대한 나의 탐욕이 방망이가 되어 꼿꼿하게 내뻗치면서 아랫배의 여기저기를 꾹꾹 찌르는 듯하다. 도저히 걸음을 걸을 수 없다. 통나무를 잘라 만든 앉을개가 있다. 거기 앉았다. 그렇게라도 가로막을 수밖에 없다.

내 얼굴은 어떤 표정이었을까. 아마 인간 최초의 괴로움의 표정은 이렇게 나타났을 것이다. 굶주리는 이들에 대한 자비를 잃은 죄의 대가가 괴로움이 되어 돌아온 것일까? 또 다시 부드럽게 또 가라앉는다.

그렇게 참으며 송신소까지 올랐다. 온몸이 땀에 젖는다. 송신소에 가면 대피소가 있겠지. 그러나 아무리 두리번거려도 높은 철조망만이 그 높이만큼의 절망을 안겨주었다.

그냥 돌아내려가려니 송신소 건물이 원망스럽고 닥쳐올 일이 두려웠다. 몇 번이나 의자에 앉았다 일어섰는지 모른다.

이제 정상을 기대하는 수밖에 없다. 아니면 '짙은 숲이라도 있을 테니까.' 하고 자위하며 가파른 마지막 정상으로 계단을 오른다. 아랫배는 더욱 무거워진다.
 하늘을 찌르는 나무 사이로 내리비치는 햇살에 계단 옆 떡갈나무 잎이 정말로 실하게 보였다. 넓고 토실토실하고……. 뜯어 떡을 쌀 일도 없는데 자꾸 그리로 눈길이 간다. 주머니에 휴지가 없는 게 아까부터 걱정이었다. 등산객들이 보지 않을 때 떡갈나무 잎 몇 개를 따서 조끼 주머니에 넣었다. 만약을 위해서. 이 정도의 자연 훼손은 그냥 용서되겠지. 누가 탐욕은 근심이 되어 또 다른 탐욕을 낳는다고 욕할 사람이 있겠는가.
 등줄기에 땀이 밴다. 정상에 올랐다. 그러나 나의 근심을 풀어줄 화장실은 없었다. 나의 착각이었다. 절망은 뒤꽁무니에 뻗치는 방망이를 더욱 곤두서게 하였다. 어쩔 수 없다. 사람이 없는 곳을 찾아야 한다. 떡갈나무 잎도 준비되었으니까. 그러나 정상에는 사람이 더 많다. 여자들은 왜 그리 많은가. 오늘같이 좋은 날 젊은이들이 갈 데 없어 여기까지 왜 그리 많이 왔는가.
 오솔길을 찾아도 빨간 내 셔츠를 숨길 곳은 없다. 할 수 없다. 경사진 오솔길을 엎어질 듯 뛰었다. 낭패를 보는 것보다 낫지 않은가? 송신소를 드나드는 시멘트 길을 뛰었다. 등이 땀에 젖는다. 마을에 이르니 화장실인 듯한 곳이 보인다. 구세주를 만난 듯했으나 주먹만 한 자물쇠가 땅에 떨어지면 지구가 깨어질 듯 절망의 무게처럼 매달려 있다.

무당집에는 푸닥거리하는 소리가 요란하다. 무당집 아래에 초파일을 지나 고요한 사찰이 있었다. 멀리 화장실인 듯한 건물이 보였다. 도량은 너무나 고요하다.

나는 아랫배에 죄를 끌어안은 채 부처님께 들킬세라 오금을 굽혀 발 소리를 죽이고 대웅전 앞을 지났다. 정말로 가까스로 아무 일 없이 화장실 문고리를 잡을 수 있었다. 그제서야 문짝에 쓰인 '解憂所'란 명필이 눈에 띄었다. ― 근심을 푸는 곳 ― 정말로 깨끗하다. 정랑淨廊이란 말이 무색하다. 화장지까지 가지런하게 준비되었다. 옛날 시골 변소같이 잠자리만 한 시커먼 모기가 덤빌 듯도 한데 까마득하게 먼 정랑에는 파리 한 마리 없다. 인간의 탐욕만이 누렇게 정화되어 쌓여있다.

고통스럽게 이 순간을 기다렸던 탐욕의 덩어리는 노골노골한 가래떡이 되어 정랑으로 떨어진다. 후련하다. 극락이 따로 없다. 이렇게 극락은 바로 발아래 있는 것을……. 사람들은 저 혼자만이 극락을 가려는 듯이 발버둥 친다.

이렇게 근심을 풀 수 있는 곳을 마련해 놓고 나를 기다려오신 부처님의 은혜에 정말 절실한 감사를 드렸다. 부처님은 나의 죄를 다 용서하신 것인가? 굳었던 아랫배는 평정을 되찾았다.

해우소解憂所를 나와 대웅전 앞마당을 지나며 근심의 방망이 때문에 잊었던 부처님 은혜에 새삼 감사하며 조용히 삼배를 올렸다.
(2000. ≪축 읽는 아이≫)

아침 햇살 같은 고독

 혼자서 관사에 머무는 동안은 하루에 서너 번 정도는 지독하게 고독한 나를 발견한다. 변기에 앉아 있는데 무릎 위에 신문이 없다. 거의 삼십 년 버릇이기 때문에 신문 없이 앉아 있으면 비로소 내 집이 아니라는 사실을 발견한다. 앉아 있는 자리가 그렇게 낯설게 느껴질 수가 없다. 당연히 일이 잘 풀릴 까닭이 없다. 그래서 대신 각종 문예지를 갖다 놓고 내내 단골 필자인 이들의 감동 없는 수필을 읽는다. 더 막힌다. 그러다가 무명이면서도 좋은 작품을 만나면 불경스러운 내 자세 때문에 작가에게 한없이 죄스럽다. 하늘 같이 높은 유리창으로 햇살이 조금 비친다. 이때 지독하게 고독하다. 정말로 막힘만큼 고독하다.
 쌀을 한 줌 씻어 등산용 코펠에 한 끼 밥을 지어서 먹다 보면, 코펠 바닥에 밥띠기 몇 알이 눌어서 악착같이 붙어 있다. 어린 시절부터 쌀 한 톨이라도 버리면 안 된다는, 그야말로 밥띠기처럼 눌어붙은 내 이념 때문에 어떻게든 떼어서 입에 넣어야 한다. 얇은 코펠 바닥에 붙은 눌은밥띠기를 숟가락으로 긁어서 뗄 때 그 소리가 얼마나 큰지는 경험하지 않은 사람은 모른다. 좁은 주방 천장을 쩌렁쩌렁 울린다. 마치 지축을 울릴 듯하다. 잠시 상념에 잠겨 주방 구석 여기저기에 머물러 있는 소리를 죽인다. 주방 창틈으로 비치는 한 줄기 햇살을 바라보며 심각한 고독을 발견한다. 정말로 소리만큼 고독하다.

마당을 지나 연구실로 출근하면서 아침 햇살에 곱게 빛나는 노란 자물통으로 현관문을 철컥 잠글 때 또 한 번 고독하다. 이화령을 넘어오는 아침햇살이 귓불을 지나 등을 따습게 달구는데도 고독의 공간은 그 온기만큼 점점 넓어진다. 퇴근하면서 종일 햇살에 달구어져서 따끈따끈한 자물통을 비틀어 열 때 또 고독하다. 자물통을 손에 들고 악희봉을 바라본다. 거뭇한 능선으로 지는 노을이 찬란하다. 노을빛이 자물통에 반사한다. 노란 자물통에는 고독이 너덜너덜 묻어 있다. 내 얼굴에 온통 고독을 반사한다. 정말로 햇살만큼 고독하다.

그러나 가만히 생각해 보면, 이 나이에 고독하지 않은 사람이 누가 있으랴. 늘 혼자 살아야 하는 독신인 친구들을 생각하면서 한순간뿐인 나의 고독을 견디어 낸다. 내게는 술에 취하면 문자를 보낼 아내도 있고, "가을이 참 예뻐요."라거나, "저녁은 드셨어요." 하고 문자를 보내는 딸내미도 있고, "서울은 스모그예요."라거나, "운전 조심하세요."라고 일러주는 아들도 있고, 막 잠들려고 할 때 "안녕히 주무세요." 하고 심술 섞어 문자를 보내는 아리따운 후배나, 술이 그리울 때를 용하게 알고 "형, 소주 한잔 해야지요." 하는 반가운 전화를 보내는 후배도 있지 않은가? 또 '노가리회'나 '좋은 사람들의 모임' 같이 막 지껄여도 욕할 사람 없는 친구들의 모임도 있지 않은가? 그리고 또 '문학'이란 가리개도 있지 않은가? 좀 허위적이기는 하지만 찬란한 가리개 말이다.

이렇게 생각하면 나의 고독은 아침 햇살만큼 사치스러운 장신구에 지나지 않는다. 오히려 이화령 솔잎에 비친 아침햇살처럼 은은하게 퍼지는 삶의 향기로 생각해도 될 것이다.

오늘도 이화령에는 아침 햇살이 곱다. 참 곱다. 나의 고독만큼 곱다.

(2006. ≪손맛≫)

난蘭에 물을 주다보니

 지난 삼월 친구들로부터 전근 축하의 난蘭을 받았는데, 어느새 그 녀석들이 먼지를 보얗게 쓰고 있다. 달포가 넘어 새로운 환경에 적응할 때도 되었건만 아직도 그 아가들에게 눈길을 줄 여유가 없었나 보다. 아침햇살은 찬란한데 윤기 없는 잎줄기가 안쓰럽다.
 우선 화분들을 밖에 내놓았다. 신선한 공기만 마셔도 대번에 생기가 돈다. 양동이에 물을 가득 받아 화분이 잠길 정도로 담갔다. 얼마나 목마르게 물을 기다렸을까? 이제 뿌리가 물을 흠씬 빨아들일 것이다. 물뿌리개를 찾았다. 가능한 가장 높은 곳에서 물을 뿌려 주었다. 하늘이 내리는 은총의 비라도 되는 듯이 말이다. 먼지가 깨끗이 씻겨 내린다. 잎줄기에 구르는 물방울에 비치는 햇살이 영롱하다. 어느새 푸르름이 더하고 생기가 넘친다. 시든 꽃대를 떼어내고 보드라운 종이에 물을 축여 잎줄기에 남은 먼지를 닦아냈다. 흠뻑 물을 뿌리니 갓 씻은 여인의 머릿결처럼 정갈하다.

물기가 어느 정도 빠질 때를 기다려 책상에 올려놓으니 연구실의 분위기까지 신선해지는 기분이다. 내친 김에 다른 몇 개의 화분에도 물을 주고 먼지를 닦아 냈다. 시든 잎이나 꽃대를 손질하다가 자세히 살펴보니 죽은 촉이 뿌리째 그대로 있었다. 살며시 들어 올려 보니까 뿌리가 고스란히 뽑힌다. 주검은 아주 가벼웠다. 그렇게 인정 없이 뽑아버리는 것을 난은 좋아하지는 않을 것이다. 그러나 이미 숨을 거둔 사람과 한방에서 기거하는 것보다는 나을 것이라는 생각이다.

누군가 집에서도 그렇게 자상하냐고 묻는다. 그래 맞아. 오늘은 몇 분 되지도 않지만 집에 있는 난도 손질해 보자. 특히 나의 작은 작품집 ≪손맛≫을 출간했을 때 친구들이 보내온 난 화분이 촉이 벌어 포화지경인 것이 생각났다.

화원에 가서 화분과 분갈이에 쓸 난석을 샀다. 난 화분을 헐어 세 촉으로 나누었다. 죽은 뿌리를 자르고 썩은 곳을 도려내고 물에 씻어 나란히 뉘어 놓으니, 꼭 수술 받는 환자처럼 말이 없다. 먼저 바닥에 굵직한 난석을 깔고 잠아潛芽를 다치지 않도록 화분에 옮겨 물에 씻은 중간 난석을 채워 촉을 세웠다. 마지막 난석으로 마무리하여 물에 담가 충분히 흡수된 다음 볕이 직접 들지 않는 곳에 나란히 놓았다. 금방 생기가 돈다. 시들한 줄기가 노각처럼 투박해 보이더니 방금 나온 새순처럼 연초록이 된다. 다른 난분도 수술하여 분갈이를 하고 물을 주어 나란히 정렬해 놓았다. 아파트에서나 볼 수 있는 하늘 뜨락에 만들어 놓은 작은 화원이 갑자기 풍성해진 기분이다.

  나는 금방 새순이 돋을 것 같이 생명력이 넘치는 난을 바라보며 죄의식에 빠졌다. 그동안 몇 분 되지도 않는 아가들에게 너무 무심했었다. 나의 나태가 다른 생명을 핍박한 것이다. 내가 돌볼 수 있는 생명들, 내가 한 걸음만 앞으로 내디디면 윤기 있는 생명력을 가질 수 있는 이들에 대한 비정함은 폭력이고 횡포라고 생각되었다. 이것도 사실은 권력이라면 작은 권력이다.

  난을 자연에 그대로 두었다면 제 뜻대로 비를 맞고 바람에 흔들리고 햇살을 가려 받으며 제 삶은 살았을 것이다. 깨끗한 흙에 뿌리를 내리고 제 몸에 맞는 물만 길어 올려 제 나름의 꽃을 피우고 향기를 은은하게 내품었을 것이다. 그런데 인간의 욕심은 난을 지배하고 몸을 변형시키고 제가 필요할 때를 맞춰 꽃을 피우기도 한다. 인색한 나는 사십여 일 동안이나 물 한 모금 뿌려주지 않았다. 난에 대한 폭력이다.

  권력이란 다른 것이 아니다. 자신이 가진 것을 사랑으로 나누어주는 것이 권력이다. 독선으로 세상을 지배하는 것은 권력이 아니라 폭력이다. 돈의 힘이든 앎의 힘이든 가진 사람이 사랑으로 나누어주는 것이 권력이다. 힘을 나누어 세상의 생명을 사랑하는 것이 진정한 의미의 권력이다. 사랑의 대상은 겨레붙이든 다른 민족이든, 인류든 다른 생명이든 가릴 것이 없다.

미래는 권력으로 남을 지배하는 역사가 아니라, 사랑으로 남과 상생하는 세상이 될 것이다. 권력을 세상에 나누어줄 줄 아는 사람이 더 많은 권력을 소유하고 미래의 역사를 주도할 것이다. 이런 아름다운 역사에 대한 기대도 지나친 착각만은 아닐 것이다.

메마른 난에 물을 주다 보니, 주변에 있는 다른 생명까지 돌아보게 된다. 그저 물이나 주자고 시작한 일인데 생명의 소중함까지 깨닫는다. 생명에 부여된 그들의 영혼을 발견하기도 한다. 그들과 함께 호흡을 나누고 함께 생명수를 나누는 섭리를 발견한다. 남을 위하여 내가 존재하고 나를 위하여 남이 있음을 알게 된다. 우리는 모두 이 땅에 발붙이고 상생하고 공존하는 생명임을 알게 된다.

잎새에 부서지는 햇살을 바라보며 새롭게 시작할 일을 찾아보게 된다. 어떤 책을 읽을까 서재를 뒤적이고, 새로운 주제로 연작 수필을 써 볼까, 다른 장르에도 접근해 볼까 궁리하게 된다. 생활의 사사些事에서 창조적 의미를 발견했다는 어느 소설가처럼 하찮은 일상의 작은 내디딤으로 더 넓은 하늘을, 또 다른 세계를 바라보는 삶의 철학을 배운다.

(2011. ≪풀등에 뜬 그림자≫)

섬초롱꽃 인연

 아파트 정원 담 너머에 섬초롱꽃이 피었다. 이름이 섬초롱꽃이라 섬에나 피는 줄 알았더니 우리 아파트에도 피었다. 축대로 쌓은 커다란 돌 위 한 줌밖에 안 되는 흙에 뿌리를 내리고 가뭄을 견디어 꽃까지 피운 것이다. 꽃은 한두 송이가 아니다. 밑동에서 세 갈래로 갈라진 줄기에 조롱조롱 매달렸다. 하얀 초롱에 박힌 보라색 점이 아침 햇살을 받아 보석 가루를 뿌린 듯 화려하다. 그중 한 가지는 밑동이 꺾여 쓰러진 채로 꽃을 피웠다.
 주변의 흙을 모아 북을 주어 대궁끼리 서로 버팀목이 될 수 있도록 세워 주었다. 바람이라도 불면 어찌하나 했지만 섬돌에서도 뿌리를 내리고 세찬 바람에 꽃을 피워 섬사람들의 마음에 초롱불을 밝혀준 공덕이 있는 꽃이니 믿어볼 만했다. 마음은 자꾸 돌아보이는데도 매정하게 돌아선다.

돌아서서 정원에서 나오려는데 쓰레기 분리수거장에서 붉은색 비닐봉지가 바람에 날려 온다. 라면 봉지였다. 다시 분리수거장에 갖다 놓으려고 집으려 하니 숨바꼭질하듯 요리조리 피해 달아난다. 그러다가 작은 단풍나무의 버팀목 사이로 들어간다. '이젠 됐다' 하고 집어 들고 일어서다가 버팀목에 머리를 '콩'하고 부딪쳤다. 순간 '이런 재수 없어.' 하는 생각이 들었다. 그리고는 문득 모든 것은 인연으로 이루어진다는 생각이 들었다.

"섬초롱꽃만 보지 않았다면", "라면 봉지만 줍지 않았다면", "나무에 버팀목만 없었다면", 나는 머리를 부딪치지는 않았을 것이다. 섬초롱꽃에서 시간을 끌었기에 라면 봉지를 만났고 그걸 줍다가 버팀목에 머리를 부딪친 것이다. 그러므로 애초에 섬초롱꽃을 보고 그냥 지나쳤더라면 머리를 부딪치는 일은 없었을 것이다.

인연因緣이란 참으로 묘한 것이다. 인因과 연緣에 의해서 또 하나의 인연이 일어난다. 因이란 내가 지은 것이고 緣이란 주변의 환경에 의하여 주어진 것이라고 한다. 섬초롱꽃에 북을 주느라 시간을 끌거나 라면봉지를 주우려고 머리를 구부린 것은 因이라면, 섬초롱꽃의 거친 환경이나 버팀목의 존재는 緣이라고 할 수 있다. 그래서 머리를 부딪치는 일이 나타난 것이다.

'액땜'이란 말이 있다. 내가 과거에 저지른 과오에 대한 업보는 언젠가 받게 되어 있는 것이 인연이고 연기라면, 오늘 머리를 부딪치는 것으로 '액땜'을 한 것이다. 과거에 모르는 사이에 저지른 엄청난 과오에 대하여 그만한 업보를 받아 크게 다치거나 목숨을 내놓아야 하는 일이었는데 머리 부딪치는 것으로 땜질이 되었을지도 모르는 일이다. 그렇다면 참으로 감사하고 다행스러운 일이다. 범사에 감사하라던 말씀이 예사로운 말씀이 아니구나. 만약에 섬초롱꽃에 북을 주지 않고 돌아섰다면 라면봉지를 만나지 못했을 것이다. 라면봉지를 만나지 못했으면 머리를 부딪치지는 않았을지 모른다. 그러면 언젠가 더 큰 화를 입었을지도 모르는 일이다. 인연은 복으로 올 수도 있고 재앙으로 돌아올 수도 있는 일이다.

> 此有故彼有 此起故彼起. 차유고피유 차기고피기.
> 이것이 있기 때문에 저것이 있고, 이것이 일어나기 때문에 저것이 일어난다.
> 此無故彼無 此滅故彼滅 차무고피무 차멸고피멸
> 이것이 없으므로 저것이 없고 이것이 멸함으로 또한 저것도 멸한다.
> — 佛說長阿含經大本經下中 十二緣起에서

섬초롱꽃은 울릉도가 원산지라고 한다. 그렇게 멀리서 여기까지 와서 내게 복 짓는 일을 허락해 주었다. 그래서 다가올

화가 소멸되었으니 참으로 감사한 일이다.
(2016. ≪들꽃 들풀에 길을 묻다≫)

노각

저녁상에 찰밥이 올라왔다. 여름 찰밥은 보약보다 낫다고 한다. 무더위를 비틀거리며 견디어 낸 나를 배려한 아내의 마음이다. 밤 대추 잣 같은 보가 될 만한 약재들을 넣어 지어낸 정성이 고맙다. 그런데 정작 입맛을 돋우는 것은 찰밥보다 노각무침, 노각냉국이다. 찰밥을 한 숟가락 크게 떠서 입에 넣고, 매콤하고 상큼한 노각무침 한 젓가락으로 입안을 자극한다. 아삭아삭하는 감각이 좋다. 다음에는 얼음이 동동 떠서 시원하고 새콤한 노각냉국으로 입가심을 하니 무정하게 떠났던 입맛이 되돌아오는 기분이다.

화덕 같은 더위로 잃어버린 미각을 귀할 것도 없는 노각으로 치유하면서 '쿡' 웃음이 나왔다. 어린 시절에는 통통하게 퍼져서 누렇게 변색된 노각을 쓸모없는 것으로 여겼다. 덩굴에 매달린 채 장마철을 넘기면 푹 물러서 문드러져 떨어졌다. 텃밭에 찬거리로 몇 이랑 심어 가꾸는 오이는 애오이일 때 무침이든 냉국이든 환영을 받았다. 심심하고 배가 허전해서 몰래 밭에 들어가 오이를 훔쳐 먹을 때도 물론 노각은 안중에도 없었다. 연하고 고소한 애오이는 반찬으로 군것질로 노각이 될 겨를조차 없었다.

어머니는 오이 중에서 실한 놈을 일부러 늙혀 노각을 만드는데 정성을 들였다. 종자를 삼고자 하는 뜻이었을 텐데 씨앗을 발라낸 노각은 버리지 않고 반찬을 만들었다. 노각된장국을 끓이면 할머니께서는 아주 맛나게 드셨지만 나는 밍밍한 맛을 몰라 투덜거렸다. 어머니는 노각무침을 따로 만들어 나를 배려했지만 그것도 맛있는 줄 몰랐다. 이렇게 노각은 전혀 쓸모없는 것으로 생각했다.

사십 년 교직 생활 동안 여럿 만난 교장 중에 황 교장이란 분이 계셨다. 말씀은 참 어눌했지만 학생들이나 교사들로부터 진정으로 존경받는 분이었다. 그런데 유별난 눌변에도 때로 깜짝 놀라게 하는 명언이 있었다. 삶의 진실을 담은 말씀은 웅변으로만 되는 게 아니라는 것을 그때마다 느꼈다. 사십대에 들어서도 승진에 신경을 쓰지 않는 내게 아픈 충고를 해주었는데, 젊은 날에 야망을 갖지 않으면 자칫 노각이 되어버릴 수도 있다는 말씀이었다. 나는 아픈 말씀을 감사하게 생각하면서도 그 말씀을 따르려면 교사로서 본질인 가르치는 일 이외의 일에 열중해야 된다는 것을 잘 알기에 귀에 담지 않았다. 아니 까맣게 잊고 살았다.

  몇 해가 지나지 않아 황 교장 말씀대로 내가 정말 노각이 되어가고 있다는 생각이 문득 들었다. 그래도 애초에 야망을 품었던 것은 아니었기에 마음에 걸어 두지는 않았다. 그보다도 내가 조직에서 점점 쓸모없는 존재가 되고 있는 것 같아 두려웠다. 사실은 그게 노각이었던 것이다. 존재 의미에 대한 고민을 하면서부터 더 아이들에게 가까이 가려고 마음을 쓰고, 한 권이라도 책을 더 읽고, 아이들이 내게 필요로 하는 것이나 조직이 나를 필요로 하는 것을 찾아 한 걸음 더 걸으려고 노력했다. 생명에 영혼을 불어 넣듯 연구실 책상에 놓인 난에도 목마르다 하기 전에 물을 주었다.

  '100억 수출 1000불 소득'이 말은 1973년 4월 첫 발령을 받고 간 초등학교 건물에 걸어놓은 온 국민의 지상 과제였다. 그런데 이것을 달성한 게 언제인지 잊어버린 지 오래다. 벽지 학교 아이들은 하루에 한 끼만이라도 보리밥이지만 실컷 먹어보는 게 소망이라고 했었다. 이제 40년 만에 만난 그 제자들은 나보다 더 좋은 차를 굴리고 다닌다. 중학교에 진학하지 못해서 내가 호롱불을 켜고 개설한 야학에 나와 공부했던 처녀는 고입 검정을 거쳐 지금 독일에서 심장 수술의 명의가 되었다. 40년간 일만여 제자를 두었다. 전국 어디를 가나 제자들을 만난다. 이것은 나만이 아니라 모든 교단교사들이 느끼는 기쁨이라고 생각한다.

　나는 때때로 학교에서 아이들을 가르친 것이 아니라 내가 성장한 것이 아닌가 하는 생각이 든다. 교직생활 동안 집을 사고, 결혼을 하여 아이들을 낳아 대학까지 가르쳐 성가시켰다. 초등학교 교사였던 나는 인문계 고등학교에서 30년간 문학을 가르쳤다. 문단에 이름을 올리고 심심찮게 청탁도 받는다. 내가 학교나 아이들에게 베푼 것보다 학교로부터 받은 것이 더 많은 것이다. 그런데 이제 학교의 은혜에 보답해야겠다는 생각이 들 만큼 철이 났을 때, 열정을 행동으로 옮기는 일이 힘겨워졌다. 나를 필요로 하는 아이들 옆으로 가는데 몸이 말을 듣지 않았다. 조직에서 내가 담당해주기를 바라는 일들이 부담되었다. 책상 위의 난이 잎줄기가 말라 돌아가는 것이 보이지 않았다. 나는 정말 노각이 된 것이다.

　식탁의 노각무침 노각냉국을 맛나게 먹게 된 것도 노각이 되어버린 내 입맛에 맞아서라면 지나친 생각일까. 그러나 노각은 요즘 건강식품이라고 한다. 맛만 향기로운 것이 아니라 칼슘과 섬유질이 많아 생활에 찌든 우리 몸을 정화시켜 준다고 한다. 피부를 깨끗하게 해주고 노화를 막아준다고도 한다. 그런 것을 다 믿을 수는 없지만 이렇게 덥고 답답할 때 입안을 상큼하게 해주는 것만으로도 충분히 은혜로운 일이다.

　지난 8월 말 나는 40년 5개월을 교단 교사로서 막을 내렸다. 열정은 살아 있어도 무겁고 굼뜬 몸이라 발걸음을 아이들에게 옮기지 못할 바에야 젊고 싱싱한 예비 교사들에게 자리를 넘겨주는 것이 옳은 일이라고 판단했다. 이것은 매우 탁월한 선택이었지만 용기가 필요했다. 나는 마지막 시간까지 분필을 들고 문학을 가르칠 수 있는 영광을 주신 신의 은혜에 감사한다.

  욕심일지 모르지만 이제 노각으로서의 남은 힘을 무슨 일에라도 쏟아내고 싶다. 노각도 건강식품이라는데 교직은 떠났지만, 사회 어느 곳에서라도 노각만큼 깊고 그윽한 맛으로 사회의 영혼에 건강한 영양이 되는 길을 새롭게 찾아야겠다.

(2013. ≪풀등에 뜬 그림자≫)

2부

동백꽃 사랑
파도는 바다에 산다
댕댕이덩굴꽃에 어리는 어머니
내 아들 남의 아들
새우젓
미선과 부채바람
다래꽃 깊은 사랑법
낮달이꽃 사랑
가을 여인 구절초꽃
민들레는 인제 씨나래를 날리네

동백꽃 사랑

'누구보다 그대를 사랑한다.'

동백冬栢의 꽃말이다. 제주 여행 다섯째 날에 남원 동백나무 군락지에 갔다. 육지는 한겨울인데 높이 15m쯤 되는 동백나무마다 붉은 꽃이 소복하다. 짙은 초록빛 잎사귀를 뒤덮은 붉은 빛깔이 경이롭다. 동백은 두 번 핀다고 하더니 나무도 붉고 낙화가 널브러진 땅도 붉다. 동백은 땅에 떨어져 누워도 처음 피었을 때만큼 붉다. 꽃술이 샛노랗게 살아있어 꽃잎은 더 빨갛다. 맞아, 누구보다 그대를 사랑하는 순정은 생사를 넘어서 붉은빛으로 타오르게 마련이다.

여수 오동도 동백꽃도 마찬가지이다. 오동도에 전하는 '동백꽃으로 피어난 여인의 순정'이라는 전설은 '누구보다 그대를 사랑하는' 절개를 명명백백하게 들려준다.

(앞부분 생략)
오동도에는 아리따운 한 여인과 어부가 살았드래
어느 날 도적떼에 쫓기던 여인
낭벼랑 창파에 몸을 던졌드래
바다에서 돌아온 지아비
소리소리 슬피 울며
오동도 기슭에 무덤을 지었드래
북풍한설 내리치는 그해 겨울부터
하얀 눈이 쌓인 무덤가에는
여인의 붉은 순정 동백꽃으로 피어나고
그 푸른 정절 시누대로 돋았드래

〈오동도와 전설〉 비문에서

 아리따운 여인은 죽었지만 순정은 동백꽃으로 붉게 소생했다. 지어미를 그리워하는 지아비의 정절은 시누대로 살아나 서슬이 퍼렇다. 동백꽃이 피는 서천 마량리, 울산 목도目島 동백나무 숲, 강진 백련사, 고창 삼인리 동백 숲, 부산 동백섬에도 조금씩 변개되기는 했지만 화소話素는 같은 전설이 있다. 일본이나 대만의 동백꽃 군락지에도 이와 비슷한 이야기가 전한다고 하니, 사람들의 사랑에 대한 심의心意는 동서고금이나 민족을 초월하여 다름이 없나 보다.
 인간의 공동심의가 지어내어 전해오는 전설은 허황된 이야기라고 치부해 버리기에는 시사해주는 의미가 너무 크다. 오동도 동백꽃 전설 주인공인 아리따운 여인은 '누구보다 그대만을 사랑하기' 위해 '낭떠랑 창파'에 몸을 던진다. 그녀는 정절이 목숨보다 소중했다. 지아비는 아리따운 아내에게 또한 '누구보다 그대만을 사랑하기' 때문에 그리움과 지조를 버릴 수 없었다. 여인의 순정이 동백꽃으로 피어났다면 지아비의 지조는 시누대로 돋았다.

도대체 정절이 무엇이기에 목숨보다 소중할까. 정절은 마음에 따라가는 몸이기에 소중한가 보다. 도적은 아리따운 여인만이 가진 것을 노렸을 것이다. 도적의 눈에는 여인이 성의 노리개로 보인 것이다. 사랑도 없이 폭력만으로 성을 노렸기에 도적이다. 맞다. 그건 틀림없는 도적이다. 오늘날에도 사랑도 없이 성을 소유하려는 자는 도적이다.

마광수 교수는 저서 《性愛論》에서 "성이 없는 사랑은 자칫 공허한 개념이 되기 쉽다."라고 했지만, 나는 오히려 사랑 없는 성이야말로 공허한 행위일 뿐이라고 말하고 싶다. 지구상의 모든 동물들 가운데 서로 마주 보면서 그야말로 성애를 할 수 있는 생명은 인류밖에 없다고 한다. 인간은 사랑하는 사람의 표정에서 자신만을 향한 사랑을 감지하면서 육체의 기쁨보다 영혼의 오르가슴에 드는 유일한 종이라 생각해왔다. 그래서 인간의 성을 '성애性愛'라 하는 것이다.

인도 여행에서 유네스코 세계인류문화유산인 카주라호의

사원군에 들렀을 때, 힌두 사원에 조각한 성애의 모습을 보고 놀랐다. 비스바나타Vishvanatha 사원 벽면은 수많은 성애의 조각으로 장식되어 있었다. 벽면을 빽빽하게 채운 조각을 미투나상Mithuna이라 하는데, 힌두교 경전의 하나인 카마슈트라 Kama Sutra의 내용을 표현한 것이라고 한다. 카마슈트라는 성생활의 만고불변하는 조화의 법칙을 담아놓은 경전의 하나이다. 당시에는 남녀의 성적 화합은 인간이 추구하는 행복의 본질을 이루는 것으로 생각했으며, 성인聖人이나 성직자는 성교 기술을 적극 계몽하는 역할을 했다고 한다.

미투나상은 성애의 갖가지 체위를 적나라하게 표현했는데, 어떤 것은 마주보며 희열에 젖어 있기도 하고, 짐승처럼 뒤에 서서 행위를 하는 것도 있고, 심지어 수간獸姦하는 모습도 있었다. 그렇게 생각해서 그런지는 모르지만 짐승 흉내를 내고 있는 조각상 중에서 엉덩이를 뒤로하고 허리를 굽히고 있는 여인은 매우 괴로워하는 표정으로 보였다. 이런 행위가 종교적으로 완전한 해탈에 이르려는 것이든, 내면의 사념을 버리려는 것이든, 종교적 가르침을 표현한 성스러운 종교적 행위로 힌두인들은 생각하고 있는 것 같았다. 그러나 아무리 성스러운 종교적 행위라도 '그대만을 향한' 사랑이 결여된 성은 폭력이다.

인도 암베르성에 갔을 때 참 희한한 광경을 목격했다. 저녁 해가 뉘엿뉘엿 넘어갈 무렵이었는데 성채 지붕 위에서 원숭이 두 마리가 교미를 하고 있었다. 원숭이의 표정을 볼 수 없었던 것이 아쉽기는 했지만 분명히 사랑 없는 공허한 행위일 것이라 단정할 수 있었다. 원숭이는 육신의 형태가 인류와 비슷하기에 교미할 때 마주 볼 줄 알았는데 역시 짐승이었다. 소, 돼지, 개가 다 그렇다. 닭의 교미는 암컷을 짓밟는다. 암컷의 사랑을 확인할 겨를이 없이 폭력적이다. 수모를 당한 암탉은 고개를 홰홰 저으며 '꼬꼬댁' 하고 욕지거리를 퍼부으며 자신의 모멸감을 해소한다.

사랑이 없는 성은 폭력이다. 동물적 행위일 뿐이다. 성폭력은 폭행자 자신의 파멸을 부른다. 조선시대 권력을 가진 자들은 하층계급 여성을 성노리개로 삼으면서도 아무런 죄의식이 없었다. 조선 후기 윤지당 임씨(允摯堂 任氏 1721~1793) 같은 여성 성리학자는 남성의 전유물이었던 성리학을 연구하여 '여자도 수양을 통해 성현이 될 수 있다.'고 주장하여 남녀동등권을 주장했지만 이 역시 상층계급 여성을 두고 한 말이다.

자신이 부리는 여성을 성적 자율권까지 부리려했던 소위 사대부 남성들의 가치관을 오늘날 알량한 권력자들도 누리려 하고 있다. 동물은 사랑도 없이 교미하지만 상대를 소유하지는 않는다. 그런데 인간은 성폭력을 하고 여성을 소유까지 하려 한다. 이렇게 야만적 가치관을 지닌 그들이야말로 오동도의 도적과 같은 자이다. 원숭이나 닭과 다를 바가 없다. 참으로 신기한 일이다. 권력을 지닌 남성들은 여성이 사랑의 눈짓을 보내지 않아도 성을 행동화할 수 있나 보다. 여성도 정절을 소중하게 여기고 자존감을 위하여 싫으면 당당이 "싫어요."라고 말해야 더 큰 자유를 얻을 수 있다는 진리를 잊어버린 것 같다. 성애가 해탈 열반하기 위한 성스러운 수행의 길이라 하는 것은 힌두인이 아니므로 이해할 수 없다. 그래도 동백꽃 전설의 아리따운 여성, 지조 있는 지아비는 못되더라도 원숭이 꼴은 보이지 말아야겠다.

   정절은 무엇일까? 순정으로 온 누리에 붉게 피어난 동백꽃이 대답한다. 사랑 없는 성은 공허한 행위일 뿐이다. 성을 도적질한 인간은 결국 파멸한다. 누구보다 그대만을 사랑하는 감미로운 눈짓으로 주고받는 성애만이 성스럽고 아름다운 정절이다.

   남원 경승지 동백나무 군락지 너머로 지는 노을이 동백꽃 같은 정절로 붉게 타오른다.

(2018. ≪들꽃 들풀에 길을 묻다≫)

파도는 산에서 산다

 파도는 바다에 산다. 바다에 살 수밖에 없다. 뭍에 오르려고 무수히 애를 써도 파도는 그냥 바다에 살 수밖에 없다.
 오랜만에 바다 여행을 했다. 기대에 부풀었는데 파랑주의보가 내렸다고 한다. 풍랑이 심하면 어떠랴. 시간에 촉박한 버스가 통영 항구에 이르는 구불구불한 비탈길을 급히 달린 까닭에 속이 약간 울렁거렸다. 부두에 도착하자 비릿한 바다 냄새 때문에 속이 거꾸로 솟는 듯했다. 그러나 또 그쯤이야 어떠랴 했다.
 출렁거리는 배에 오르니 눈이 날린다. 바닷바람이 한번 '휘이익' 불어온다. 부딪히는 바람이 꼭 차가운 소금을 얼굴에 뿌려대는 것처럼 습습하고 따갑다. 그래도 뱃전에 기대서서 하얀 목도리라도 날리며, 아무렇게나 흐트러진 머리카락을 쓸어 올리는 멋을 부려 보고 싶다. 배가 황소처럼 숨을 몰아 목을 빼고 고동을 울리더니 '부르릉' 바다로 나선다.

바다는 잔잔하다. 날리는 눈발도 잔잔한 수면에 떨어져 하얀 매화꽃잎처럼 떠다닐 것만 같다. 꽁지부리에 파란 바닷물이 하얗게 부서진다. 푸른 물은 부서지면 왜 하얗게 되는 것인가? 나는 어린아이처럼 작은 의문을 가졌다. 내가 가진 그리움도 하얗게 부서질 수 있을까? 꽁지부리에서 품어대는 하얀 물보라 때문에 약간 일렁거릴 뿐 바다는 잔잔하다. 무섭게 일겠다던 파도는 어디에 갔나? 뭍으로라도 기어올라갔나?

잔잔하던 배는 한산도를 지나자 요동치기 시작했다. 멀리서 파도가 하얗게 머리를 풀어헤치고 밀려온다. 성난 양떼 같다. 하얀 제복을 입은 일진의 군사들이 질풍처럼 달려드는 모습이다. 너울이다. 파도는 은하를 건너는 조각달같이 작은 배에 부딪친다. 바닷물이 갑자기 하얀 옥양목 휘장처럼 널따랗게 퍼지며 배를 뒤덮는다. 하얗게 부서져 가루가 된다. 배는 곧 뒤집힐 것처럼 기우뚱거린다. 이물이 수평선을 타고 하늘로 치솟으면, 고물은 수심에 박힐 듯 곤두선다. 다시 이물이 수심으로 곤두박질치면, 고물이 하늘로 다리를 들고 물구나무를 선다. 이때 파도가 뱃전을 때린다. 기우뚱 엎어질 것 같던 배는 다시 자리를 잡아 하얗게 물보라를 일으키며 한 발 앞으로 다가선다. 또 다시 먼 바다에서 너울이 하얀 치마를 쓰고 달려든다. 선장은 표정도 없이 그런 바다를 바라본다. 배는 아무런 걱정이 없다.

　파도는 어디를 향하는 것인가? 바다에 사는 파도는 왜 누구에게든 달려들지 못해 안달인가? 배가 매물도를 돈다. 나는 바위섬에 부딪쳐 되돌아오는 너울의 서슬이 두렵다. 파도는 바위섬인 매물도를 향하여 끊임없이 달려든다. 그러나 섬은 아무런 응답이 없다. 섬은 두려움도 노함도 없다. 그냥 정서를 잃어버린 바위섬이다. 섬 가까이에 파도는 풍랑을 일으키며 섬을 애무해 보기도 하고, 너울이 되어 으르렁거리며 으름장을 놓아보기도 한다. 아무도 파도의 애절한 소망을 알아주지도 들어주지도 않는다. 아무도 파도의 으름장에 겁을 먹지 않는다. 세상은 꿈쩍도 하지 않는다.

　매물도를 돌아 한산도를 지나는 동안 파도는 겁도 없이 쉼도 없이 달려든다. 우리가 탄 유람선은 그런 파도를 아랑곳하지 않고 뭍을 향하여 물살을 가르며 앞으로 나아간다. 달려드는 파도는 청죽이 창칼에 갈라지듯 두 쪽으로 나뉘어 하얗게 부서진다.

　파도는 바다에 산다. 뭍으로 오를 수 없는 것이 파도의 숙명이다. 뭍으로 오르면 그것은 이미 파도가 아니다. 우리에게 바다가 만만한 것이 아니듯 파도에게는 세상이 제 마음처럼 그렇게 만만한 것이 아니다. 파도는 그냥 그렇게 바다에 살아야 한다. 나도 시인처럼 파도가 되어 세상을 향하여 그리움을 하소연해 볼까? '파도야 어쩌란 말이냐.' 하고 가슴을 내놓으면 세상은 어떤 표정일까? '임은 뭍같이 까딱 않는데' 말이다. 내가 만나는 세상도 나의 파도 같은 사랑쯤에는 까딱도 하지 않겠지.

요동치던 배가 부두로 돌아왔다. 아무 일도 없었던 것처럼 그렇게 부두에 머리를 댄다. 파도는 나처럼 나는 뭍처럼 그렇게 갈라섰다. '너는 저만치 가고 나는 여기 섰는데.' 하고 파도가 이미 뭍이 되어 정서를 잃은 나를 원망하는 것 같다. '애모愛慕는 사리舍利로 맺혀 푸른 돌로 굳어라.' 나는 파도의 시인이 사랑했던 연인의 노래 한 장을 읊조리며 일렁이는 부교를 걸어 뭍에 발을 디뎠다. 뒤를 돌아보니 따라오던 파도는 그냥 거기에 서서 우두커니 바라보고 있다. 마루로 올라간 주인을 바라보는 하얀 강아지들 같다. 그냥 거기 주저앉아 일렁이고 있다. 희끗희끗 하얀 손수건을 흔들며 바라보고 있다.

그래! 파도는 바다에 그냥 그렇게 살아야 한다. 그게 운명이니까. 그게 파도의 분수니까. 그게 파도의 섭리니까. 내가 다시 나의 일상으로 돌아오듯 파도는 바다에 남았다. 파도는 바다에 살아야 아름답다. 절제하는 그리움일랑 가슴에 돌로 맺으며 섭리에 순응할 때 아름답다. 나는 세상을 향해 일렁이던 가슴의 파도를 잠재우며 내 자리로 돌아간다.

(2007. ≪손맛≫)

댕댕이덩굴꽃에 어리는 어머니

 아직은 추억을 더듬으며 살 나이는 아니다.
 나는 이렇게 내 나이를 부정하고 싶다. 그런데도 다른 이의 작품은 멀리하고 과거의 내 졸작에 취해 아련한 추억에 젖어 있는 때가 많다. 그뿐 아니라 꽃을 보면 미래를 그리워하지 못하고 이제는 보내드려야 할 어머니만 보인다. 들꽃을 보면 민중이 보이고 민중의 삶이 보이고 민중의 아픔을 보아야 하는데 어머니가 보인다. 아무리 부정해도 추억에 젖어 추억을 더듬으며 애상에 젖는 노년의 생리를 어쩔 수 없는 나이인가 보다. 떨쳐 버리자. 추억의 미로에서 뛰쳐나오자. 인제는 어머니로부터 벗어나자.

 남한강과 북한강이 어우러지는 양평 대명리조트에서 자고

조금 일찍 일어났다. 아직도 깨지 않은 친구들 옆에서 부스럭거리느니 리조트 주변을 산책하는 것이 나을 것 같았다.

어제 세미원과 두물머리 물소리길을 이십 리 남짓 걸어서 몸이 가뿐해졌다. 주변 산야가 아름답다. 비가 내린다던 하늘은 푸른빛이 오히려 곱다. 어머니는 하늘빛이 고운 이런 날 돌아올 수 없는 강을 건너셨다. 그리움은 무엇일까. 나의 그리움은 대상도 방향도 잊어버린 채 정서만 남아 여기까지 따라와 있다. 과거로 향하지는 말아야 한다. 나의 그리움은 지금 이 순간이어야 한다. 지금의 사랑이어야 하고 내일을 바라보아야 한다.

농가마다 울타리에 꽃이 한창이다. 리조트나 호텔 정원에 비해 꾸밈없어 편하다. 리조트 앞 어느 농가 울타리에서 댕댕이덩굴꽃을 발견했다. 산에서 난 것만큼 곧게 쭉쭉 뻗어가지는 못했다. 울타리에서 다른 덩굴풀과 엉켜서 간신히 꽃을 피웠다. 꽃은 작은 포도송이처럼 몽글몽글 연두색이다. 작은 꽃에도 꽃잎이 있고 꽃잎 속에는 암술이 있고 수술이 있다. 작은 꽃도 그리움이 있다. 짙은 남빛 열매가 소복하게 달릴 가을을 그리워할 것이다.

어머니는 여름 내내 댕댕이덩굴을 끊어 모으셨다. 가을이면 여름내 끊어 모은 댕댕이줄을 엮어서 무엇이든 만드셨다. 달빛이 사랑채 용마루를 넘어오는 차가운 마루에서 밤을 새우셨다. 커다란 댕댕이보구리, 댕댕이채반, 허리에 찰 수 있는 댕댕이바구니 같은 집에서 쓰는 그릇이란 그릇은 못 만드시는 게 없었다. 그것을 팔아 가용을 구하는 것도 아니면서 손가락이 다 무너지도록 질기고 질긴 댕댕이줄을 엮었다. 어머니 손가락은 남자 손처럼 마디가 굵어지고 엄지와 검지 끝이 갈라져서 피가 났다. 아니 성한 손가락이 없었다. 얼마나 쓰리고 아팠을까. 어쩌다가 숟가락을 집다가도 깜짝깜짝 놀라셨다. 지문조차 만질만질하게 지워졌다.

어머니는 갈라진 손가락으로 댕댕이줄을 엮으며 마음으로는 무엇을 엮으셨을까. 아, 아버지, 아버지, 아버지……. 질긴 댕댕이줄마다 엮이는 질긴 아버지가 보인다. 콩이 닷 말쯤 들어갈 만큼 커다란 보구리의 댕댕이줄 결마다 엮인 어머니의 한이 보인다. 어머니에게는 한없이 소홀했던, 그래서 섭섭함만을 남기신 아버지, 아니 어머니에겐 섭섭함을 넘어서 한이 되었을지도 모른다. 닷 말씩이나 드는 보구리에도 어머니의 한이 가득하다. 한 사람의 여인을 그렇게 만든 아버지에 대한 원망도 가득할 것이다.

옛날 우리 아버지들은 다들 그렇게 우리 어머니들에게 한을 남겼다고들 한다. 나라를 위해 집을 떠나 있고, 공부를 위해 집을 비우고, 또 무엇을 위해 살림과 사람살이를 어머니에게 몽땅 떠맡기고 떠나 있는 것이라 했다. 그래야 남자다운 남자려니 했다. 국가나 사회라는 명분도 있겠지만 이면에는 곁길도 걷고 곁가지에 마음이 가 있기도 했다. 그래도 어디 모든 아버지들이 우리 아버지 원백園白 선생만 하였을까. 아버지는 종묘제례 복원, 사직대제 복원뿐 아니라 그밖에 크고 작은 이유, 정당하기도 하고 정당하지 못하기도 한 이유로 위아래 가족들을 어머니께 떠맡기고 번번이 집을 비우셨다. 어머니에게 아버지는 영원한 손님이셨다.

살림살이에 지친 어머니는 외로움 따위는 생각할 겨를도 없었을 것이다. 그래도 여자인 어머니는 달이 밝은 밤을 댕댕이줄이라도 붙잡고 외로움, 고독, 혼자라는 고통을 견디어내셨다. 견디어 낼 수 있을 만큼만 견딜 수밖에 없었을 것이다. 가을이면 숱하게 만들어낸 어머니의 댕댕이줄 공예품은 예술이 아니라 가슴에 박힌 고독의 옹이이다. 댕댕이보구리마다 한국 어머니들의 고독과 한을 담아낸 것이다.

지금도 고향집에 가서 보면 어머니의 보구리가, 어머니의 댕댕이줄 채반이 무너지는 바람벽에 비스듬히 걸려있다. 어머니의 갈라진 손가락이 옹어리 되어 걸려 있다. 채반 가득 보구리 가득 아직도 못다 엮은 어머니의 한이 매달려 있다. 지금도 산소 제절에는 댕댕이 덩굴이 아버지를 감으며 뻗어가고 있다. 이 아침에는 아마 댕댕이덩굴꽃도 피었으리라.

아, 나는 어느새 또 옛날을 그리워하고 있다. 아직도 어머니 품을 벗어나지 못하고 있구나. 고향에서 천리 머나먼 길에 나와 있으면서도 어머니를, 어머니 품을, 어머니 그리움을 벗어나지 못하고 있구나. 사랑해야 할 것이 많은 지금을 그리워하지 못하고, 나아가야 할 미래의 방향도 어느새 잊어버리고 지난날을 그리워하고 있는 것이다.

  나는 지금 어떤 그리움을 품고 있을까. 이제부터 어떤 아버지로 남아야 할까. 나의 그리움은 지금에 대한 사랑이어야 한다. 내일을 그리워해야 한다. 아직도 내가 해야 할 일이 많이 남아 있으려니 생각하면서 변화에 새롭게 다가가고 싶다. 무쇠솥처럼 더디게 뜨거워지지만 쉽게 식지 않도록 다지고 달구어야 할 일이다. 따뜻해서 좋지만 함부로 할 수는 없는 사랑법을 벼리어야 한다. 어머니는 아마도 그런 아버지를 소망했을지도 모른다. 아니 자식들만은 그런 아버지가 되기를 소망하셨을지 모른다. 내가 자식에게 바라는 소망이 또한 그러하다. 뜨겁지는 않지만 크고 은근하게 품어주는 사랑 말이다.

  댕댕이덩굴 작은 꽃 한 송이 한 송이마다 어머니에 대한 연민이 지금 내 그리움이 되어 어려 있다.

(2019. ≪들꽃 들풀에 길을 묻다≫)

내 아들 남의 아들

 벼르고 별러서 등산화를 한 켤레 샀다. 두 켤레나 있지만 가까운 산을 가거나 가볍게 걸을 때 신는 경등산화가 갖고 싶었다.
 아내의 여름 바지를 사주기 겸해 함께 가서 큰맘 먹고 내 것으로 만들었다. 쌀 열두 말 값이나 주어선지 가볍고 발에 꼭 맞아 아이들처럼 기분이 좋았다.
 집에 와서 다시 한 번 신어 보았다. 그런데 바닥으로 이어지는 면에 붉은 테두리가 있었다. 자세히 보니 여기 저기 붉은색으로 치장을 해서 멋있어 보인 것이었다. 그런데도 붉은색이 마음에 거슬리는 것처럼 공연히 한마디 했다.
 "에이 붉은 줄만 없으면 최상품인데."
 "맞아요. 나이를 생각하셔야지. 아들이나 줘요."

아내가 기다렸다는 듯이 일같이다. 아, 나이를 생각한다. 그래 나는 나이를 잊고 살았어. '내가 보기엔 더 멋있는데 뭘 그러느냐.'는 말을 목마르게 기다렸으나 역시 허사였다. 거기서 그냥 멈추는 것이 핀잔을 듣지 않아도 되고 더 이상 마음을 다치지도 않는다. 또 이제 심상해졌는데 자꾸 섭섭해 할 필요도 없다.

저녁상에 굴비가 구이가 올라왔다. 굴비 굽는 냄새도 없었는데 고들고들하게 잘 구워진 녀석이 눈을 지그시 감고 접시 위에 누워 있다. 먹음직스럽다. 어떻게 이렇게 매끈하게 구워낼 수 있을까? 윤기가 자르르 흐르는 몸통이 조금도 부서지지도 타지도 않은 채, 더구나 한 점 냄새도 없이 깨끗하게 구워졌다. 새삼 아내의 솜씨에 감동한다.

당연히 내 젓가락이 굴비 구이로 향했다. 민물 짠물을 가리지 않고 생선이라는 말만 들어도 군침부터 삼키는 내 입맛을 돋우려는 아내의 배려에 감사했다. 그래서 허발하며 먹는 모습을 보이는 것이 그에 대한 답례라고 생각했다. 아내는 나를 배려하고 나는 아내를 신뢰하는 것이 참살이가 아니겠는가. 그런데 이게 웬 날벼락인가.

"입맛 없을 텐데 짭짤한 굴비하고 먹어라."

갑자기 아내가 생선 접시를 들어 아들 앞에 옮겨 놓는다. 이건 아주 절망이다. 우리 어머니가 장성한 내 앞에서 아버지에게 저질렀던 과오를 지금 아내가 자식 앞에서 나에게 재연하고 있는 것이다. 아니, 이 세상 모든 착각한 엄마들의 오류를 자기도 그냥 지나칠 수 없다는 듯이 이렇게 흉내 내고 있는 것이다. 나는 힘없는 젓가락을 다른 곳으로 일단 돌렸다. 세 마리 중 가장 튼실한 한 마리가 아들의 젓가락에 잘려나갔다. 내가 옛날 아버지 앞에서 그리했듯이 자식도 내 앞에서 나의 역사를 재현하고 있는 것이다. 가장인 나는 갑자기 아들 옆에서 얻어먹는 처지가 되어 버렸다. 옛날 초라하던 아버지의 뒤를 따르게 된 것이다.

셔츠를 한 벌 샀다. 그런데 그게 요즘 말로 좀 튀어 보였다. 진열대에서 한눈에 딱 뜨이기에 그냥 지나칠 수 없었다. 욕심은 났지만 색깔이나 디자인이 젊은이들에게나 맞을 것으로 보였다. 나를 늙은이라고 생각해 본 일은 없었지만, 이런 결정적인 순간에 맞닥뜨리면 별 수 없이 망설이게 마련이다. 점원 아줌마가 한번 입어보라고 권하기에 용기를 내어 입어 보았다. 거울을 보는 순간, '아 딱 내 옷이구나.' 하는 생각이 들었다. 값을 물어 보지 않고 그냥 카드로 결제해 버렸다. 옷가방을 들고 집으로 오는데 기분이 마냥 좋다. 마음이 둥둥 뜨는 기분이다.

셔츠가 없는 것도 아니다. 아마도 한 보름은 날마다 갈아입어도 될 만큼은 되지 않나 싶다. 사람들은 왜 늙으나 젊으나 옷차림에 신경을 쓰는가? 공자님도 '문승질즉사文勝質則史'며 내용도 없이 문채만 아름다운 것을 사치스럽다고 나무랐는데 나도 속 빈 속물이 되는 것은 아닐까.

민망한 셔츠를 다시 입고 아내의 눈치를 보아가며 거울 앞에 서 보았다. 괜찮다. 아무래도 한 30년쯤은 시계를 거꾸로 돌려놓은 것 같다. 그래 맞아. 이렇게 입으면 되는 거야. 나는 흡족했다. 그때 아내가 들어왔다.

"어 멋있네요. 좋은 거 사셨네."

"그런데 사람들이 주책이라고 안 할까?"

이렇게 응원을 구해 보았다. 그러면 언제나 내 편인 착한 아내는 '누가 주책이라고 말하겠느냐? 남들이 그러면 또 어떠냐? 자신 있게 입어라. 좋기만 한데 뭘 망설이느냐.' 이렇게 위로해 줄 것으로 생각했다. 그런데 뜻밖의 말이 튀어 나온다.

"그럼 아들 줘요. 아들이 입으면 딱 좋겠네."

나는 그 자리에 주저앉을 뻔했다. 이럴 수가 있을까? 미리부터 아내의 마음은 아들 쪽에 가 있었다. 언제나 착각 속에 있는 내가 불쌍했다.

우리나라 여성들은 나이가 들면 내 아들과 남의 아들을 잘도 구분해낸다. 앞뒤도 가리지 않고 남의 아들은 푸대접하고 내 아들만 챙긴다. 그렇게 소중해 하던 남편은 안중에도 없다. 여성들이 아들 쪽으로 마음이 옮겨간 모습을 보이면 그때는 이미 자신이 늙었다는 사실을 왜 모르는가.

요즘 오십대 남편들은 대부분 아내로부터 남편이 아니라 남의 아들로 치부된다. 세월이 이렇게 야속할 수가 없다. 내가 언제부터 어쩌다가 무슨 이유로 아내의 소중한 남편이 아니라, 아들의 어머니로 변한 아내의 남의 아들로 전락했는지 정말 알다가도 모를 일이다.

(2010. ≪풀등에 뜬 그림자≫)

새우젓

 금년에는 강경이나 광천에서 성황을 이룬다는 새우젓 축제에 꼭 한 번 가보려고 했다. 그러나 또 가지 못했다. 내가 게으르기도 하지만 다른 해에 비해 꼭 가야 할 필요성이 없어졌기 때문이다. 뿐만 아니라, 축제 구경을 하기 위해서라면 몰라도 새우젓을 구하기 위해서는 내년에도 후년에도 당분간은 가지 못할 것 같다. 아직도 몇 년을 먹을 만치 새우젓이 남아 있기 때문이다.
 우리 식구들은 새우젓을 좋아한다. 특히 아버지께서는 새우젓 없으면, 공연히 젓가락을 들고 방향을 잡지 못하실 때가 많다. 노인들은 짜고 매운맛이 있어야 입안에 침이 생기고, 침이 생겨야 목이 부드러워지는 모양이다.
 새우젓은 알이 굵은 것보다는 알이 잔듯하면서도 오동통하고, 배때기가 아주 희고 깨끗하며, 그 꼬리의 붉은빛이 선명한 것이 좋다. 쓸데없이 수염이 길어도 못쓰고, 등껍질이 두꺼워도 잘 삭았다고 할 수 없다. 로댕의 〈생각하는 사람〉처럼 허리를 알맞게 구부리고 앞발을 머리에 대고 앉아서 먼 고향 바다를 그리워하는 듯한 놈이어야 제 맛이 난다.

그렇게 잘 삭은 새우젓을 투명한 병에 담아 냉장고에 넣어 두고 조금씩 꺼내서 갖은 양념을 하여 밑반찬으로 내어놓는다. 새우젓을 알맞게 떠서 탕기에 넣고, 고춧가루, 파, 마늘, 깨소금, 식초, 참기름을 넣고 비비면 맛있는 새우젓 무침이 된다. 새우젓 무침은 그냥 밑반찬으로 먹을 수도 있고, 제육을 곁들인 쌈밥을 먹을 때 제격이다.

새우젓을 무침으로 먹을 수도 있지만, 호박 새우젓국은 여름철 구미를 돋우는데 더할 게 없다. 뚝배기를 불에 올려놓아 약간 달군 다음, 호박을 잘게 썰어 넣고 물을 알맞게 부은 뒤, 새우젓을 간을 맞추는 정도로 넣어 바글바글 끓이면 그것이 곧 호박 새우젓국이다. 짭짤하면서도 담백하여 어른들 밥상에는 일품으로 어울리는 새우젓 요리이다.

새우젓은 이렇게 직접 요리를 해 먹을 수도 있지만, 김치 담그는 데는 빠져서는 안 되는 양념으로 쓰인다. 새우젓이 좋으면 그해 김장은 반은 성공한 것이다. 대부분의 김장에 새우젓이 들어간다. 배추김치, 총각김치, 깍두기에도 새우젓은 약방에 감초다.

이렇게 우리 집에 요긴한 새우젓을 최근 몇 년간 지금은 서방정토에 계신 둘째 누님이 대셨다. 새우가 한창 잡히는 계절에 운전을 못하시는 누님은 대중교통을 이용하여 소래포인가 하는 새우젓 시장에 혼자 가셔서는, 몇 말이고 새우를 사다가 소금을 얹어 집에서 새우젓을 담그신다. 그래서 그 새우가 잘 삭아 맛이 들기 시작하면, 빈 병이나 항아리에 담아 피붙이들에게 나누어주는 것을 큰 즐거움으로 삼으셨다.
 누님이 담근 새우젓은 시장에서 사는 것과는 비교도 안 될 만큼 맛이 있었다. 고소하고 알맞게 짭짤하면서도 깊은 맛이 있었다. 내가 맛있는 새우젓의 표본을 알 수 있었던 것은 바로 누님의 새우젓 때문이었다. 백화점에 진열된 금값처럼 비싼 새우젓을 보면 새삼 그때 맘 놓고 먹던 새우젓을 가늠하면서 누님에 대한 그리움으로 뼈가 저리다.
 거의 이십 년을 아버지와 함께 사신 누님은 까다롭고 깔끔하신 아버지의 식성을 잘 아신다. 그래서 새우젓이 익으면 제일 먼저 한 항아리 담아 가지고 우리 집에 오신다. 어머니가 돌아가시자 아버지가 계신 우리 집을 옛날 집같이 생각해 주셨다. 막내인 나는 이것이 무척 영광이었다. 우리 집에 오시는 날은 한 이틀 전부터 전화를 하신다. 친정에 오시는 일이 환갑이 가까워 와도 그렇게 달뜨는 일이었나 보다.
 아주 아침 일찍 이것저것 챙겨서 내려오셔서는 짐이 많은 날은 고속버스터미널에서 전화를 하시기도 한다. 이런 날은 아미타의 나라에 계신 어머니가 잠깐 들러 가겠다고 전화한 것처럼 기쁘고 나까지 달뜬다. 마흔은 넘었어도 어려 보이기만 하는 올케가 아버님과 같이 사는 것을 안쓰럽게 생각하시는 누님은 아내의 친정어머니처럼 이것저것 챙겨 오신다. 그리고는 소래포에서 새우 사는 이야기부터 시작하신다. 지금도 누님의 새우젓을 먹으려면 약간 흥분되어서도 타고난 유머를 잃지 않으시던 누님의 목소리가 들리는 듯하다.

 누님은 오래전부터 암으로 고생하셨다. 유방암으로 수술을 받고 한 10년을 외나무다리를 건너는 것처럼 투병생활을 하시다가 '이제는 더 이상 검사 받을 필요가 없을 정도로' 완치되었다는 의사의 진단을 받고 쾌활하게 자랑하시던 모습이 얼마나 우리 혈육을 기쁘게 하였던가? 그러나 그런 후 2년을 넘기지 못하고 다시 다른 암으로 다만 몇 달 고생하시다가 서방으로 떠나셨다.

 우리말에 '속 썩는다.'는 말이 있다. 나는 이 말이 곧 '암'을 일컫는 말이라는 생각이 든다. 이루 말할 수 없는 걱정거리가 있어도 혈육에게 눈치를 채지 못하게 우스개를 하면서 안으로 견디던 누님의 속이 온전할 리가 없다. 평생을 남을 위해서만 살아오신 누님의 그 내면의 아픔을 생각하면 지금도 가슴에서 피가 묻어나는 듯하다. 그렇게 세상을 떠나 그렇게 정이 도타우셨던 어머니를 만나서 기뻤겠지만 남은 우리에게는 아픔만을 남긴 것이다.

누님은 서방으로 떠날 차비를 하던 작년 여름 아버지 생신에 참석하지 못하셨다. 기력이 없는 것도 아니지만, 투병의 모습을 아버지께 보이고 싶지 않은 타고난 효성일 것이라고 생각하고 이튿날 누님에게 갔다. 항암 치료로 빠진 머리를 보이고 싶지 않아서 머리에 손수 모자를 만들어 쓰고 있었다. 그러나 얼굴에는 평소처럼 행복 가득한 웃음을 담고 있었다. 우리가 가져간 떡을 그렇게 맛있게 드셨던 것이 말기암 환자인 누님에게는 얼마나 괴로운 일이었나를 미련한 나는 그로부터 한 달쯤 뒤 병상 일기를 보고 알았다. 아직도 정정하던 누님은 겨우 한 달을 넘기고 떠나신 것이다.

우리가 나올 때 바깥까지 나오셔서 그해 담근 새우젓을 한 통 주셨다. 내가 겨우 들 정도로 무거웠다. 누님의 얼굴은 이 세상에서 가장 행복한 표정이었다. 대문을 나서서 좁은 골목을 빠져 나오면서 마지막으로 골목 끝에서 웃음을 보이고 계신 누님의 모습을 바라보면서 새우젓 통 무게만큼의 슬픔에 짓눌렸다. 그 웃는 모습 뒤로 누님은 이미 죽음을 준비하고 계셨던 것이다. 그 관음보살 같은 미소가 마지막이 될 줄도 모른다는 생각을 왜 못했는지 모른다.

집에 돌아와 통을 펴고 새우젓을 맛보니 지금까지 누님의 새우젓 맛이 아니었다. 이루 말할 수 없이 짜다. 그냥 두고 먹으면 몇 년을 먹을 수 있을 것 같았다. 아우들에게 주는 정에 특히 욕심이 많았던 누님은 이렇게 당신의 정을 남기는 데에도 욕심을 부리셨다.

 아직도 누님의 새우젓은 그대로 남아 있다. 그 짠맛을 나는 아우를 생각하는 누님의 정의 깊이이며, 일생을 통하여 당신 것을 버리고만 사시면서도 버릴 수 없었던 혈육을 향한 세속적 욕망이라 생각되어 더욱 가슴 한 구석이 시리다. 요렇게 구부리고 앉아서 앞발 두 개를 머리에 대고 있는 새우 한 마리 한 마리를 볼 때마다 누님이 이 미련한 막내아우를 걱정하고 있는 것 같아서 젓가락이 가지 않는다.

 새우젓 축제에는 언제 한 번 가보나? 누님의 새우젓이 저렇게 남아 있는데…….

(2001. ≪축 읽는 아이≫)

미선尾扇과 부채바람

단오는 양기가 성한 날이다. 그저 양의 숫자만 겹친 것이 아니라 실제로 온 누리에 양기가 이들이들하다. 이때는 산딸나무, 층층나무, 때죽나무 같은 활엽수들이 하얀색 꽃들을 피우기 시작한다. 하얀색 꽃들은 더 짙어진 녹색 나뭇잎 사이에서 지순한 얼굴을 감추기도 하고 녹색에 대비되어 더 새하얗게 피어나기도 한다. 꽃보다 녹음이 성한 것도 양기의 덕이고, 녹음에 대비되어 순결하게 보이는 것도 양기가 넘치는 모습이다.

단오에는 임금이 신하들에게 단오부채를 나누어 주었다고 전한다. 부채를 하사받은 사람들은 부채에 금강산 일만 이천 봉을 그렸다. 사대부들은 사군자를 그리고 기생이나 무당은 버들개지 복사꽃을 그려 지녔다는데 이것이 선면화扇面畵이다. 부채에서 금강산 바람이 불기도 하고, 사군자나 복사꽃 바람이 불었을지도 모를 일이다. 풍습이 요즘보다 낭만적이라 옛 사람이 부럽다.

 단오가 꼭 한 주일 남은 금요일에 미동산수목원에 갔다. 고희古稀가 바로 저기인 우리 네 남자도 솟아오르는 양기만큼은 참을 수가 없다. 수목원 둘레길 이십 리를 걷는 두 시간 동안 화제는 변화무쌍하다. 백제 역사를 더듬다가 중국 전국시대로 넘어간다. 힌두교와 불교의 교리를 넘나들다가 유현진의 야구나 손흥민의 축구로 들어서기도 한다. 법성게를 말하는 친구, 초한지를 말하는 친구, 오이농사에서 삶의 철학을 논하는 친구도 있다. 나는 늘 백제부흥운동사에 침을 튀긴다. 막바지에서 차를 한 잔 마실 때쯤 우리는 어느새 새 책 세 권을 읽은 것만큼이나 배가 부르다. 한 주 동안에 머리에 낀 이끼를 깨끗이 헹구어낸 셈이다. 이럴 때는 입으로 오른 양기도 쓸 만하긴 하다.

 차를 마시고 일어설 때쯤 반갑게도 나의 수필창작교실 문우강 선생을 만났다. 그래서 잠시 그니와 동행하게 되었다. 한 모롱이를 돌아서는데 길가에서 미선나무를 발견했다. 이른 봄 운 좋게 꽃 사진을 촬영한 곳이다. 사진작가이기도 한 그니를 보자 지금쯤 미선나무 열매가 달렸을 것이란 생각이 일었다. 친구들과 떨어져 그니와 미선나무 열매를 찾으려고 주의 깊게 살폈다. 드디어 찾았다. 미선나무가 작고 앙증맞은 초록색 부채를 나폴나폴 매달고 있었다. 금방이라도 맑은 바람이 일어날 것만 같다. 가지마다 초록색 미선尾扇이 소복소복 매달렸다.

 오늘따라 주체할 수 없이 넘치는 양기에 그냥 지나칠 수 없다. 미선나무 열매를 보면 왜 '미선'이란 이름을 갖게 되었는지 바로 알 수 있는 그런 모양새이다. 바로 그 열매가 미선이다. 미선은 옛 궁중 연회 때 임금의 좌우에서 시녀가 들고 있던, 마치 귓불을 맞붙여 놓은 것 같은 커다란 부채가 바로 그것이다. 미선은 대나무로 얇은 살을 만들고 그 위에 한지를 붙여 만들었다. 궁중의 큰 의식이나 연회 때 사용한 부채의 일종이다. 그런데 미선나무 열매가 꼭 미선을 닮았다.

 단오 때 미선나무 열매는 초록색이다. 그런데 열매가 익어 가면서 차츰 연분홍색으로 변한다. 가장자리부터 연분홍색이 시나브로 붉은색으로 변하다가 완전히 익으면 고운 빛은 퇴색하여 갈색이 된다. 갈색 열매는 미선의 완성된 색이다. 미선이 익어가는 모습은 어쩌면 자연의 섭리를 따르는 것인지도 모른다. 초록에서 분홍으로 이글이글 타는 붉은 색이었다가 성숙한 갈색이 되는 과정이 말이다. 사람살이의 한 틀이기도 하다.

 작고 앙증맞은 미선을 보며 미선과 미선나무 꽃과 열매의 인연을 이야기하는 동안 친구들은 멀리 가버렸다. 나는 갑자기 민망해서 도망가듯 친구들의 꽁무니를 찾았다. 그니는 다른 길로 가고 나는 친구들을 따라 오느라 서둘렀다. 나는 어느새 산에서도 선생이 되어 있는 모습을 발견하고 쑥스러웠다. 그러면서도 그니만큼은 나의 이야기를 부채처럼 생긴 미선나무 열매에서 나오는 맑은 바람으로 받아들여 주기를 바라는 과분한 욕심을 부렸다.

단오에 임박해서 청곡 오근석 화백의 선면화전이 있었다. 역시 수필교실 문우인 여원 송 선생이 포스터까지 구해다 주면서 권하기에 공예관으로 찾아갔다. 오근석 화백은 명성만 들었지 일면식도 없어 인사 나눌 때 나를 비교적 자세하게 설명해드렸다. 청곡선생은 친절하게 부채에 그린 그림의 내용, 동기와 아울러 어려움까지 설명해주었다. 전시회에 가서 작가의 설명을 듣는 행운을 얻게 된 것이다.

부채가 바람을 일으키듯 그림도 바람을 담고 있었다. 난에서도 대나무에서도 바람이 일었다. 눈 덮인 산야에서도 동트는 산에서도 바람이 일었다. 화가라도 바람을 선면扇面에 담는 것은 결코 쉬운 일은 아닐 것이다. 바람은 투명해서 스스로 존재를 드러낼 수 없기에 하는 말이다. 바람은 누군가를 흔들어 깨워야 비로소 자기 존재를 드러낼 수 있다. 청곡 선생은 내면의 바람을 선면화를 통하여 우리에게 전해주는 것이 아닐까 하는 생각을 했다. 선생은 난이든 대나무든 마음의 바람을 일으켜 우리를 흔들어 깨우는 것이다. 화첩에 섬동 김병기 시인이 쓴 발문을 보니 '시대의 새로운 문화를 일으키는 시풍時風'이라고 했다. 작품 중에 미선은 없어 아쉬웠지만, 미선나무 열매를 발견했던 감동을 되새기기에 충분했다. 나도 섬동 선생의 소망처럼 그 바람이 맑은 바람이기를 발원했다.

청곡 선생의 자상한 설명을 듣다가 한손으로는 부치기도 어려울 만큼 커다란 방구 부채를 발견했다. 걸려 있는 부채에 그림은 여백이 많지만 선생의 음성만큼이나 맑은 바람이 이는 듯했다. 부채는 커도 내게 불어오는 바람은 오히려 안온했다. 안온한 바람이라도 마음은 오히려 더 크게 흔들린다. 부채는 부채로만 바람을 일으키는 것이 아니라 선면화에 담은 작가의 마음이 대중을 향해서 바람을 보내는 것이란 생각에 이르게 되었다.

선면화에서는 작가 내면의 바람이 분다면 옛 궁중의 미선에서는 어떤 바람을 일으켰을까. 왕을 섬기는 궁녀의 진정한 사랑이 담겨 있었을까. 백성에게 보내는 임금의 충정을 담아 보냈을까. 꽃이 지고 막 제 모양을 갖춘 미선나무 열매를 처음 봤을 때 내 가슴에 일었던 바람은 과연 문우인 강 선생 일행의 가슴까지 전해졌을까. 미선나무 작은 열매이지만 단오절 초록 양기만큼이나 그들 가슴에 큰 흔들림으로 전해졌을 것이라 믿고 싶다.

단오절을 맞이하여 나는 운 좋게 '부채'라는 화두에 묻혀 살았다. 문우 강 선생은 물론 그 자리에서 만나지는 못했지만 나의 수필교실 문우들이나 세상 모든 사람들에게 보내는 나의 한 마디 말씀이나 한 줄의 글에서도 청곡 선생 부채 못지않은 맑은 바람이 일어 커다란 울림으로 전해지기를 소망해 본다.

(2019. ≪들꽃 들풀에 길을 묻다≫)

다래꽃 깊은 사랑법

 미동산수목원에 갔다가 다래꽃을 만났다. 입안에 침이 돈다. 백두대간 장성봉 올라가는 깊은 계곡에서 맛본 달달한 다래가 생각난 것이다. 입에 넣고 톡 터뜨리면 새콤달콤했다. 열매가 이렇게 달달한데 꽃은 또 얼마나 예쁠까. 깊은 산에서나 봐야 할 다래꽃을 수목원에서 본다. 처음이라 더 신비롭다. 다래꽃은 깊은 산에서나 피고 때를 맞추어야 하기에 아무에게나 쉽게 보여주지 않는 꽃이다. 꽃은 아침 햇살이 반짝이는 잎사귀 뒤에 숨어 소복소복 땅을 향해 피었다. 쉽게 내어주지 않는 얼굴이라 더 예쁘다. 꾸밈도 없고 티끌도 한 점 묻지 않았다. 청초하단 말이 맞을 것 같다.
 꽃잎 다섯 장은 연두색을 띤 흰색이다. 다섯 장 꽃잎 안으로 꽃술이 소복소복 까맣다. 열매를 앞니로 싹둑 잘랐을 때 과육 속에 씨앗이 동그랗게 박혀 있던 모습 그대로다. 신비스러운 다섯 장 꽃잎이 까만 수술을 에워싸고 있다. 어, 그런데 암술이 없다. 암술이 없으면 그건 미래가 없는 것이다. 암컷이 없는데 어찌 미래를 기약할 수 있겠는가.

 꽃 더미를 두리번거렸다. 다른 줄기에서 조금 더 옅은 옥색 꽃이 보였다. 그런데 꽃잎 속에 연두색 작은 대추 모양 씨방이 있고, 그 위에 여남은 꽃술이 마치 용접 불꽃 튀듯이 터지는 꽃을 발견했다. 그건 분명 암술이다. 다래덩굴은 암꽃과 수꽃이 따로 있구나. 꽃으로부터 덩굴 밑동까지 따라 내려가 보았다. 다른 나무이다. 다래덩굴은 암나무 수나무가 따로 있다. 식물도감에서 다래나무를 찾아보니 정말 그렇다. 꽃을 보다가 별걸 다 알게 되었다.

 다래꽃은 꽃말이 '깊은 사랑'이라고 한다. 꽃말의 연유가 재미있겠다. 다래덩굴은 한도 끝도 없이 하늘을 향하여 덩굴손을 내민다. 사랑의 손짓이다. 달래라는 처녀는 자신의 신분을 잊어버리고 양반집 도령을 사랑했단다. 도령도 달래를 사랑했다. 사랑은 운명처럼 다가왔다. 어리고 예쁜 달래는 마음 놓고 도령을 사랑할 수 없었겠지. 나이가 들자 도령이 공부에 파묻혔다. 아니 부친의 명에 묶여 더 이상 달래를 만날 수 없었다. 아니 달래는 잠시 잊었을지도 모른다. 달래는 그만 그리움에 지쳐 상사병으로 죽고 말았다고 한다. 신분이라는 사회규범이 사랑을 가로 막은 것이다. 사회제도나 계급이 청춘 남녀의 아름다운 꿈을 주저앉혔다. 전설은 그렇게 주인공을 파멸시킨다. 여린 달래의 꿈을 방관만 하던 마을 사람들도 그때서야 도령의 문 옆에 묻어 주었다고 한다. 죽은 다음에서야 어여쁘게 여기는 얄궂은 정서를 전설에서 본다. 이듬해 무덤에서 덩굴 줄기가 돋았다. 담을 타고 올라가 공부하는 도령의 창을 향하여 덩굴손을 뻗었다. 달래의 깊은 사랑이다. 높은 창에서 청초하고 예쁜 꽃을 피웠다. 달래는 도령을 사랑하는 마음을 달콤한 열매에 담아서 전하고 싶었을 것이다. 절실한 사랑은 어떻게든지 이루고야 만다. 사람들은 달콤한 열매를 다래라고 이름 지었다. 이름조차 달콤하다. 슬픈 사랑이라서 열매가 더 달콤한지도 모른다.

　다래꽃 전설은 다래덩굴이 암수가 따로 있고 암꽃과 수꽃이 따로 피는 자연의 이치를 받아서 지어낸 우리 겨레의 사랑이야기이다. 슬픈 사랑을 담은 이야기지만 깊은 사랑은 결국 죽어서라도 이루어낼 수 있다는 가르침을 담고 있다. 맞다. 암꽃 수꽃도 사랑이 깊으면 열음을 이룰 수 있다.

　김시습의 소설 〈이생규장전〉은 다래꽃 전설과 서사구조가 꼭 닮았다. 그와 같은 사랑 모티프가 겨레의 공동 심의였나 보다. 낮은 신분 여성인 달래가 양반인 도령을 사랑했다면 이생규장전에서는 남성인 이생이 최낭자를 사랑한다. 이들은 모두 양반댁 재자가인才子佳人이다. 이생이 남몰래 담을 넘어 최낭자와 정을 통하고 사랑을 이룬다. 달래가 담을 넘어 사랑의 열매를 전하듯 이생은 최낭자에 대한 사랑을 담 너머로 전한다. 이생은 당시 통념으로는 상상할 수 없을 만큼 적극적이었고 최낭자도 거리낌 없는 행동으로 사랑을 받아들인다. 몰래하는 사랑은 다래처럼 달콤하게 마련이다. 그러나 몰래하는 사랑을 부정하게 여기는 사회규범에 부닥친다. 그래도 그들의 진한 사랑은 철벽같던 부모를 감동시켜 허락을 받아낸다. 그런데 최낭자가 홍건적의 난을 만나 어이없는 죽음을 당한다. 다래꽃 같은 사랑은 혼란의 역사에 막혀 안타깝게 막을 내린다. 이생의 깊은 사랑은 결코 최낭자를 포기하지 않는다. 최낭자는 영혼으로 돌아와서 둘의 사랑은 다시 이어진다. 깊은 사랑이 이른바 인귀교환人鬼交歡을 이룬 것이다. 이 소설은 깊은 사랑은 담도 넘고 생사의 벽도 넘어서 향하는 곳이 진실이라는 새로운 관념을 우리에게 심어주었다.

　암나무 수나무가 따로 떨어져 서로 다른 꽃을 피우는 다래덩굴이 안쓰럽다. 암꽃은 수꽃이 얼마나 그리웠을까. 도령을 그리다가 죽은 달래만큼 그리웠을 것이다. 수꽃은 또 암꽃이 얼마나 그리웠을까. 꽃이나 사람이나 절절한 사랑은 쉽게 이루어졌으면 좋겠다. 암수가 멀리 떨어져 있을수록 그리움은 깊어지고 깊은 그리움일수록 사랑의 덩굴손을 있는 힘을 다해 뻗어간다. 깊은 사랑은 결국 가루받이를 이루고 열매를 맺는다. 인간의 사랑도 깊이만큼 이루어졌으면 좋겠다. 수꽃이나 암꽃처럼 바람 부는 대로 사랑이 향하는 대로 꽃가루를 날리면 안 되는 것일까. 이생규장전 가르침처럼 윤리의 울타리에서 뛰쳐나와 다래꽃 사랑법을 이루었으면 좋겠다.

  다래꽃이 멀리서 암수 따로 핀다 하여 안쓰럽게 생각하지 말자. 다래덩굴은 온 산을 뒤덮으며 얼크러져 깊은 사랑을 이루어내니 말이다. 반상班常도 빈부도 없이 사람들에게 자연 사랑법을 깨우치고 있다. 아무리 사회가 막아버린다 해도 깊은 사랑은 좌절하지 않는다.

  사랑은 꽃을 피우게 마련이다. 꽃이 피어도 깊은 사랑이 없으면 열매를 맺지 못한다. 규범이나 역사의 혼란이라는 담장을 넘어서지 못하면 열매를 맺지 못한다. 열매를 맺지 못하는 꽃은 미래가 없다. 자연도 사람도 깊은 사랑 없이는 열매도 없고 열매 없이는 존속할 수 없다. 사랑은 깊어야 할 일이지 규범에 좌절할 일은 아니라는 게 하늘의 가르침이다.

  다래꽃, 볼수록 예쁘다. 깊고 아름다운 사랑 생태계의 축소판이다. 한여름 가뭄도 비바람도 넘어서 가을을 기약하는 깊은 사랑이 저렇게 열매를 닮아 있다니 우주의 원리는 알아볼수록 신비롭다.

                (2018. ≪들꽃 들풀에 길을 묻다≫)

낮달맞이꽃 사랑

 사랑이라 말하면 사랑의 달이 뜬다. 사랑이란 말 속에는 사랑이 살고 있기 때문이다. 사랑이라 말하고 기다려볼 일이다. 누구의 사랑에도 장벽은 없다.
 사랑의 장벽을 드러낸 이야기로 ≪대동운부군옥≫에 전하는 '심화요탑心火繞塔'이 있다. 선덕여왕 때에 지귀라는 젊은이가 있었다. 하루는 서라벌에 나갔다가 선덕여왕의 미모를 보고 사모하게 되었다. 그 뒤로부터 지귀는 잠도 자지 않고 밥도 먹지 않고 정신 나간 사람처럼 선덕여왕을 부르다가 그만 미쳐버리고 말았다.
 어느 날 여왕이 절에 행차하게 되었다. 이 소문을 들은 지귀가 골목에서 선덕여왕을 부르면서 뛰어나오다가 군사들에게 잡히고 말았다. 여왕은 지귀를 따라오도록 허락했다. 선덕여왕이 절에 이르러 기도를 드리는 동안 그는 탑 아래에 앉아서 기다리다 그만 잠이 들고 말았다. 여왕은 기도를 마치고 나오다가 탑 아래에 잠들어 있는 지귀를 보았다. 여왕은 그가 가여워 물끄러미 바라보다가 금팔찌를 빼어 그의 가슴 위에 놓아준 다음 발길을 옮기었다. 선덕여왕은 지귀를 백성으로 사랑했던 것이다. 비로소 잠이 깬 지귀는 금팔찌를 보고 놀랐다. 금팔찌를 꼭 껴안고 기뻐서 어찌할 줄을 몰랐다. 기쁨도 잠시 방심으로 여왕을 보지 못한 회한이 심화心火가 되어 온몸이 활활 타올랐다. 선덕여왕을 향한 지귀의 사랑은 화신火神이 되어버린 것이다.

새벽에 빗소리가 잠을 깨운다. 비에 젖은 정원은 어제보다 더 싱그럽다. 아파트 맞은편 마로니에시공원에 갔다. 시비詩碑가 비에 젖었다. 동산 오솔길로 올라서는 나무계단 옆에 아름다운 꽃 한 무더기가 피었다. 분홍색 꽃잎에 빗방울이 맺혀 막 세수하고 나온 여인처럼 청초하다. 꼭 달맞이꽃 모양인데 분홍색이다. 꽃잎이 네 장, 화심으로부터 꽃잎으로 퍼져 오르는 엷은 진홍색 빗살무늬, 잎 모양도 달맞이꽃을 꼭 닮았다. 하얀 화심 한가운데서 수술이 가늘고 여윈 허리를 하늘거린다. 키는 작다. 달맞이꽃에 비하면 메꽃으로 착각할 만큼 땅에 붙었다. 달맞이꽃보다 꽃은 더 크고 예쁘다. 꽃은 강렬해도 꽃대는 여리다. 달맞이꽃은 밤에 피었다 아침에 지는데 이 분홍색 꽃은 아침에 핀다. 새벽에는 노란 달맞이꽃과 함께 피어 있기도 한다. 해가 지면 따라 지는 꽃이다.

이 아이는 누구일까? 이름을 알아야 정체를 바로 알 수 있다. 인터넷에 꽃 이름을 검색해 보았다. '낮달맞이꽃, 분홍달맞이꽃, 분홍애기달맞이꽃, 향달맞이꽃, 두메달맞이꽃'이다. 이름도 많다. 이름이 많은 건 얽힌 이야기가 많다는 것이다. 이름이 많은 사람은 삶의 모습도 다양하다는 의미이다. 정체성이 불명확하여 종잡을 수 없다는 의미이기도 하다. 나는 그의 색깔과 향기에 알맞은 이름 부르기를 잠시 망설인다. 그냥 '낮달맞이꽃'으로 하자. 왠지 그렇게 부르고 싶었다. 낮달을 맞이하는 달맞이꽃이다. 이름대로 낮에 피어 빛바랜 반달을 바라기하는 가상한 달맞이꽃이다. 정작 밤에는 달에게 버림받아 낮에 나온 반달이나 바라기하는 가련한 낮달맞이꽃이다. 이 아이의 본질을 이렇게 규정하자.

갑자기 돌아서는 그 아이의 꼭뒤를 본다. 낮달맞이꽃은 달이 없는 낮에도 피어 낮달을 기다리다 잠드는 지귀 같은 남자라는 생각이 든다. 선덕여왕을 짝사랑하다 심화로 타올라 탑돌이를 하던 가련한 지귀의 화신처럼 보였다. 하얗게 소복하여 보일 듯 말 듯한 낮달을 바라기하다 잠드는 낮달맞이꽃, 그마저 뜨지 않는 대낮에도 분홍으로 피어 태양의 눈총을 받으며 낮달을 기다리는 낮달맞이꽃 말이다. 사랑은 베풂으로 행복하다고들 한다. 남녀 간의 사랑도 주는 기쁨이 받는 기쁨보다 더 크다고 말한다. 어쩐지 믿어지지 않는 말이다.

문우 한 분에게 장편소설 ≪황진이≫를 선물 받았다. 북한 작가 홍석중의 작품이다. 홍석중은 ≪임꺽정≫의 작가 벽초 홍명희 선생의 손자라고 한다. 처음에는 황진이와 서경덕의 사랑이야기쯤으로 생각했다. 그러나 그건 계급의 울타리를 넘지 못하는 로맨티스트의 안일한 선입견이었다. 평생 황진이를 바라기한 '놈이'란 노비의 처절한 사랑이야기였다. 지귀만큼 모질고 아픈 사랑 말이다. 계급의 장벽에 가려 기다리다 지친 사랑 말이다.

  계급이라는 질곡으로부터 해방되어야 비로소 사랑의 자유를 누릴 수 있다. 놈이가 열두 살, 진이는 일곱 살 때 만났다. 놈이는 진이를 업어달라면 업어주고, 안아 달라면 안아주고, 태워달라면 태워주었다. 신랑각시 소꿉놀이를 할 때 놈이는 이미 진이를 사랑했지만 진이는 놈이가 그냥 아랫사람이었다. 출생 신분이 불명확한 진이가 승지 댁으로 혼인이 정해졌을 때 놈이는 진이가 천출이라는 것을 승지 댁에 고자질하여 파혼시켰다. 자신의 출생 비밀을 알게 된 진이가 드디어 계급이라는 이데올로기를 벗어버리기로 한다. 진이라는 양반 계급을 죽이고 천한 기생 명월로 다시 태어나기로 한다. 귀밑머리를 풀고 청루로 가기로 한 것이다.

  허물벗기를 결심한 밤에 진이는 순결을 놈이에게 바친다. 그날 달이 밝았다. 모래를 뿌린 것처럼 은백색 달빛을 밟아 차돌처럼 굳으며 얼음처럼 차갑게 놈이 앞에 선다. 진이는 달빛 속에 누워있었다. 놈이의 달이 된 것이다. 차갑지만 불덩이처럼 타올랐다. 그러나 마음은 그냥 두고 육체만 타오른 것이다. 놈이는 처음에 떨렸지만 숯불처럼 뜨겁고 거친 손으로 진이를 더듬었다. 진이가 처녀를 바친 것은 사랑의 분출이 아니다. 환멸과 쓰디쓴 열물 같은 양반 아닌 양반의 삶으로부터 탈출이었다. 진이는 정조를 바치며 양반으로서의 죽음을 의미하는 사약을 받은 것이다. 이와 달리 놈이는 진이를 소유하는 순간 남이 되어버리고 사랑을 단념해야 하는 사약을 마신 것이다. 분홍애기달맞이꽃처럼 무언의 사랑을 끝내기로 한 것이다. 그날 놈이는 종적을 감추었다. 양반과 상놈이라는 장벽이 두 사람에게 사랑의 아픔을 주었다. 그 후 진이는 청루에서 몸을 팔며 살았다. 놈이는 화적패가 되었다가 잡혀 처형당하게 되었다. 그제서 진이는 사랑을 깨닫고 놈이에게 절을 올린다. 결국 놈이는 죽음에 이르러 계급이란 장벽을 허문 것이다.

비에 젖은 낮달맞이꽃이 하늘거린다. 여린 꽃잎이 물방울이 힘겨워 고꾸라졌다. 비가 그치고 구름이 걷혀 낮달이 보이면 일어설 수 있을까. 낮달맞이꽃은 낮달을 바라기해야 한다. 낮달이 눈길을 주거나 말거나 그것이 낮달맞이꽃의 숙명적 사랑이다. 말없이 진이를 사랑한 놈이 같은 보이지 않는 사랑이다. 사랑은 기다리면 오는 것이니까. 선덕여왕을 사랑한 지귀처럼 황금 팔찌를 받을 수 있을 테니까. 무언의 사랑을 한 놈이처럼 진이의 사랑을 받을 수 있을 테니까.

사랑하면서도 사랑받지 못하는 사람이 곁에서 사는 것만으로도 행복이라고 말하는 것은 스스로를 속이고 위로하려는 어리석은 생각이다. 우리의 사랑은 기다리면 돌아온다고 생각하자. 사랑이란 말 속에는 사랑이 살고 있으니까 말이다. 사랑이라고 말하면 사랑의 달이 뜬다고 믿자. 지귀에게도 놈이에게도 낮달맞이꽃처럼 말없이 기다리면 사랑의 달은 언젠가 뜨게 마련이니까 말이다.

(2017. ≪들꽃 들풀에 길을 묻다≫)

가을 여인 구절초꽃

 사랑채 가마솥에서 단내가 나기 시작한다. 장작불은 시나브로 사위어간다. 얇은 종잇장을 날리듯 하얗게 재가 되어 폴폴 날리는 속에 빨긋빨긋 불꽃이 남아 있을 뿐이다. 가마솥에는 작은 화구호 용암처럼 옅은 갈색으로 뽀글뽀글 기포를 터뜨리며 엿이 되어가고 있다. 어머니는 커다란 나무 주걱에 엿을 찍어 올려 흘려 보면서 농도를 가늠하신다. 시집간 누나 약으로 쓸 구절초엿을 고아내고 있는 중이다.
 어머니는 음력 9월 9일 중양절이 다가오면 집 뒤 우렁봉에 올라 구절초를 캐셨다. 땅바닥에 파랗게 주저앉아 있던 구절초도 이맘때쯤이면 꽃대가 쭉 올라오고 꽃을 피운다. 말로는 꽃대가 아홉 마디나 올라온다고 하지만 세어보지는 않았다. 아무래도 그런 연유로 구절초인가 보다. 꽃은 분홍색으로도 피고 하얗게 피어나는 꽃도 있다. 어머니는 구절초 약효는 중양절 때 캐는 놈이 제일이라고 혼잣말처럼 되뇌었다.

  누나는 시집간 지 사오 년이 되어도 아이가 생기지 않았다. 풍족하지는 못했지만 자형과 금슬이 좋아 다른 걱정은 없는데도 엄마는 죄 없이 죄인이 되었다. 새댁이 속이 냉해서 그렇다는 말이 시집 쪽에서 들려왔다. 여자는 배가 차면 아기씨가 자리를 잡지 못한다고 한다. 시집간 딸이 배가 차가운 것도 친정어머니의 책임으로 생각되는 시절이었다.

  원인을 알아낸 엄마 눈에 불이 켜졌다. 음력 구월이 되자 구절초 대신 엄마가 가을 여인이 되어 온 산의 구절초를 다 쓸어 모을 기세였다. 캐어 모은 구절초를 새끼줄로 엮어 담벼락에 걸어 말렸다. 마른 구절초를 사랑부엌 가마솥에 넣고 푹 삶아 물을 내어 거른 다음, 늙은 호박, 수수쌀을 넣어 삭혀서 엿을 고았다. 엿기름을 넣고 삭힐 때나 엿이 달여질 때 온 집안이 달달한 내음으로 가득 찼다. 엿은 아주 딱딱하지도 않고 너무 묽지도 않아야 한다.

  까맣게 달인 엿을 한 입에 넣을 수 있는 크기로 동글동글하게 떼어서 볶은 콩가루를 묻혀 꼭 인절미처럼 만들었다. 가끔 내 입에도 한 덩이 넣어주면서 "누나 약이다."라며 경계하셨다. 엿은 씁쓸하지만 달달한 뒷맛이 남아 입에서 자꾸 당겼다. 엿 항아리가 다락 어디쯤에 숨어 있는 것을 알면서도 참았다. 엄마가 '남자들에겐 이로울 게 없다.'고 덧붙인 말 때문이었다.

그 겨울 구절초 엿을 정성껏 먹은 누나는 이듬해 초여름 아기가 생겼다. 그리고 내리 셋을 낳았다. 어린 마음에 혹시 아기들이 구절초 엿을 닮아 까맣지는 않을까 하던 걱정과 달리 아기들은 토실토실 예쁘기만 했다. 그때 그 조카들은 이제 기업의 사장도 되고 아기 엄마도 되었다. 조카들을 보면 달달한 구절초엿 향이 나는 것 같다.

미동산 산책길에서 구절초꽃을 만났다. 조금 일찍 와 있는 가을 여인을 만난 것이다. 아니 어머니를 만났다. 어머니 사랑을 만났다. 누구나 아무렇지도 않게 만나는 구절초꽃이 내 마음을 흔들어 놓는다. 착한 가을비가 살짝 내려 물방울로 맺혀 청초하다. 그만큼 아름답다.

어머니는 구절초가 하얗게 꽃을 피우는 하늘 푸른 가을에 꽃향기 은은한 우렁봉 언덕으로 가셨다. 들꽃 들풀을 찾아다니면서 예쁜 들꽃을 볼 때마다 들꽃처럼 들풀처럼 살아오신 어머니가 자꾸 보였다. 그럴 때마다 꽃에서 어머니를 보지 말고, 세상을 보고 역사를 보고 민중을 보겠다고 다짐했다. 이제는 들꽃 들풀에서 절대 어머니를 찾지 말자. 가을이 되어도 어머니를 생각하지 말자. 그리움은 잊자, 잊어버리자, 잊어버리자, 잊자 다짐했다. 그런데 하얗게 피어난 구절초꽃을 보는 순간, 어머니는 꽃더미에서 올라와 어머니의 가을로, 어머니의 시대로 내 손을 이끌었다. 어린 시절 어머니가 날 키웠다면 이제는 들꽃이나 들풀이 나를 키우고 있는 것인지도 모른다.

산책길을 다 돌아 내려오는 길에도 분홍색 구절초꽃이 무더기로 피어있다. 아, 이 가을, 구절초꽃, 선모초仙母草, 가을 여인, 구절초로 고아낸 강엿, 냉한증을 어루만지는 푸릇한 풀물이 든 어머니의 갈라진 손길, 구절초 엿을 약으로 먹고 아기를 가진 누님, 먼 옛날의 들풀 같던 삶들이 꽃으로 마구 피어났다.

돌아보니 구절초꽃은 어머니 약손이다. 어머니 손에는 실제로 구절초 약물이 지워지지 않아 푸릇한 때가 끼어 있었다. 그래서 구절초는 조선의 어머니 손에 묻어 선모초라 했는지도 모른다. 구절초는 조선의 여인이 지녀온 약손이다. 구절초가 꽃을 피우는 가을은 어머니 거친 손길이 그리운 계절이다.

(2017. ≪들꽃 들풀에 길을 묻다≫)

민들레는 인제 씨나래를 날리네

 '사랑이라고 말하면 그것은 이미 사랑이 아닙니다.' 이 말은 사랑이라고 말해보지 못한 사람의 구차한 변명일 수 있다. 사랑이라고 말할 만큼 그에게 사랑을 느끼지 못한 사람의 미치지 못한 깨달음일지도 모른다.
 '사랑이란 감정은 변하기 쉽기에 고백하는 순간 의무가 되어버린다.' 그러므로 고백의 순간에 사랑의 진실성은 사라져버린다는 말이렷다. 이 말도 단순히 고백을 부정하는 것 같지만 실은 자신의 사랑을 신뢰하지 못하는 이의 졸렬한 핑계이다. 자신의 사랑이 지순하지 못한 것을 치졸하게 변명하는 말이다. 지순하지 못한 사랑은 속에서부터 상하여 물크러지게 마련이다. 정성 없이 담근 고추장이 시큼한 맛을 내듯이, 매콤한 본질에 다가서지 못하고 시큼하게 변질되듯이 진실은 버리고 윤리

적으로나 당당해지려는 거짓 사랑의 자기변명이다.

'사랑이라 말하면 사랑의 달이 뜬다.' 내가 했던 이 말을 진실이라 믿는다. '언어는 존재의 집이다.'라고 한 하이데거 선생의 말에 의하면 '사랑'이라는 말은 사랑이 살고 있는 집이다. 어머니라 부르면 그리움으로 가슴이 저릿저릿하듯이 사랑이라 말하면 사랑에 불이 붙는다. 그녀에게 사랑한다 말하면 메마른 가슴에도 촉촉하게 이슬비가 내리고 사랑이 움트기 시작할지도 모른다. 사랑이라 말하면 미미했던 내 가슴에도 사랑의 싹이 트고 꽃을 피운다. 말에는 영혼이 깃들어 있기에 사랑이란 말에도 사랑의 혼령이 깃들어 살고 있기 때문이다.

민들레꽃은 일편단심으로 사랑을 지키려다 죽은 민들레라는 처녀의 한이 노랗게 하얗게 피어난 꽃이다. 전설이 전해주는 이야기에는 덕이란 바보의 사랑 고백을 기다리다 죽은 민들레라는 처녀가 생전에 디딘 발자국마다 한이 응어리져 맺힌 꽃이라 한다.

민들레를 사랑한 덕이라는 총각은 민들레에게 '사랑한다.' 이 짧은 한마디를 하지 못한 바보였다. 사랑이라 말을 해야 민들레도 알고 덕이 자신도 사랑을 깨닫는다. 사랑은 말을 해야 샘이 솟고 싹이 트고 불이 붙는다. 혹시 민들레도 덕이를 사랑하고 있었을지도 모르는 일이 아닌가. 아니 민들레는 전혀 덕이를 사랑하지 않았다 해도 덕이로부터 고백을 받는 순간 사랑의 씨앗이 움트기 시작할 수도 있을 것이다. 움터서 사랑의 화산이 폭발할 수도 있었을 것이다.

　민들레 전설은 가슴앓이만 하던 덕이에게 사랑할 수 있는 마지막 기회를 준다. 민들레의 집이 홍수로 떠내려갈 위험에 빠진 것이다. 덕이는 민들레를 집으로 데려다 부양한다. 그때라도 늦었지만 '사랑한다.' 이 말을 했어야 한다. 그런데 이 말을 하기도 전에 민들레는 그만 난리 통에 처녀 징발을 당한다. 바보 같은 덕이가 사랑한다고 고백하지 않았기에 사랑하면서도 혼례를 올리지 못한 것이다. 고백하지 않은 사랑은 이렇게 재앙의 불씨가 된다. 위안부로 끌려가기에 앞서 민들레는 날카로운 은장도로 가슴을 찔러 자결해버린다. 그야말로 민들레 뿌리처럼 곧은 사랑이다. 민들레는 답답한 덕이에게 '내 사랑 그대에게 드립니다.' 이런 말 대신에 은장도를 꺼낸 것이다. 고백을 기다리는 그녀에게 고백하지 않은 것은 이렇게 큰 죄악이다. 고백하지 않은 사랑은 '사랑'이란 존재의 집도 없이 허공에 떠도는 허망한 관념일 뿐이다.

　사랑은 고백해야 안다. 고백하지 않는 사랑은 사랑이 아니다. 허망한 뜬구름이다. 손에 잡히지 않는 장마철 는개이다. 아니 진정 사랑한다면 어떤 두려움도 수치심도 자존심도 넘어서서 저절로 고백의 물결을 타게 된다. 고백하지 않은 사랑은 거짓 사랑이다. 진실한 사랑은 '사랑'을 입에 달고 산다. '사랑한다, 사랑한다' 말하고 나서 또 사랑한다고 말한다. 사랑이란 말에는 사랑의 혼령이 살아있는 것을 아는 까닭이다. 지순한 사랑을 하는 사람은 터져 나오는 사랑이란 말을 막을 수 없다.

나 여기 있어요
지난 겨울가뭄 목마름도
시끄러운 세상 이야기도
다 두고 갈게요

그냥
그대인지 누군지는 잘 모르지만
저녁마다 두런거리던 사랑 이야기만
담아 갈래요

어디로 날아간들 어떻겠어요.
황천길 검은 강둑이거나
도솔천兜率天이건 도리원桃李園이건 붉거나 희거나
그냥 거기 뿌리내려 노랗거나 하얗거나 민들레나 될래요

나는
민들레 씨나래여요
거기서도 아직 '사랑한다'는 그대의 말씀을 기다릴래요.
기다려도 기다려도 말씀이 없으면
내 사랑 그냥 그대에게 드릴래요.

민들레 씨나래 날리는 봄이다. 지난겨울 지독하게 가물었는데도 민들레는 오히려 지천으로 피었다. 고백을 기다리다 지친 민들레가 밤이고 낮이고 온천지를 미친 듯 쏘다닌 발자국이다. 사랑에 목말랐던 민들레의 아픈 발자취이다. 이제 씨나래 되어 날아갈 차비를 하고 있다.

미래를 짐작할 수 있는 사랑은 없다. 나도 그렇다. 그래도 사랑이란 말에는 사랑의 씨앗이 깃들어 살고 있다는 것을 의심하는 사람은 없을 것이다. 내가 그렇기에 하는 말이다. 사랑만큼 영혼을 아름답게 하는 양식은 없다. 그래서 사랑이란 말은 고귀하다. 미래를 짐작할 수 없지만 사랑이 영혼의 양식이라면 이제라도 고백하고 싶다. '사랑한다' 하는 고백의 말만큼 고귀한 언어는 없을 것이다. 그런데 나도 덕이처럼 용기가 없다. 내겐 다 벗어버릴 용기가 없다. 영혼을 살찌게 할 용기가 없어 답답하다.

민들레는 인제 씨나래를 날리려 하네. 벗어버리자. 규범이란 도포자락을 벗어버리자. 자존심이란 이름의 금관조복도 벗어던지고 명예란 패옥도 풀어 던지자. 답답한 나의 민들레가 '내 사랑 그대에게 드릴게요.'라고 말하기 전에 내가 먼저 벗어던지자. 인제는 강가에서 산기슭에서 거친 밭에서 농투사니가 된다 해도 민들레 사랑만으로도 살 수 있을 것만 같다.

(2019. ≪들꽃 들풀에 길을 묻다≫)

눈길에서
땅의 부름 하늘의 울림
줄
불의 예술
팔려가는 소
진눈깨비 맞는 장롱
백골산성에서
가림성 사랑나무
분꽃 피는 시간
덩굴꽃이 자유를 주네

눈길에서
– 나의 문학, 나의 고뇌

눈 쌓인 길이라도 생각처럼 그렇게 심하게 미끄러운 건 아니다. 어제 아침부터 내리던 진눈깨비가 오후에는 함박눈으로 바뀌었다. 어제 돌아오던 길에 비하면, 기온이 뚝 떨어져 밤사이 포근하게 쌓인 눈길이 오히려 안전하다. 아침까지도 눈발이 화톳불 참나무 재티 날듯 햇살에 반짝인다. 차들이 모두 그림처럼 질서를 지킨다. 약속이나 한 듯이 좌우 대열을 맞추어 기어가는 모습이 20년 전 초등학교 운동회에서 '통일 행진' 보는 듯하다.

사람들은 이런 눈 쌓인 풍경을 바라보며, 농담처럼 시상詩想 떠오른다고 한다. 詩, 그건 태초의 문학이다. 속된 세상의 아름다움을 신에게 전하는 주술이다. 가슴에 하나씩 신을 안고 사는 사람들은 아름다운 것을 보면 시상이 떠오르게 마련이겠지.

그래서 사람들은 문학은 기질이 아니라 본능이라 하나 보다. 문학은 대 숲에 대고 '임금님 귀는 당나귀 귀다.'라고 소리쳤 던 옛 이야기가 아니라도 본 것을 드러내고 싶은 '죽음에 닿아 있는 욕구', 바로 그것이다. 해마다 보는 눈 쌓인 풍경을 바라 보면서 시상을 떠올리는 게 사람이다. 본 것이 있고, 본 것에 대한 사색이 있고, 사색에 옷을 입히면 그것이 시가 되겠지. 그렇게 문학은 햇살에 눈발이 반짝이듯 반짝이면서 포근히 쌓여 가는 것인 줄 알았다. 문학은 그렇게 질서 있고 조심스럽게 행진하기만 하면 되는 것인 줄만 알았다.

율량동을 지나 시내를 벗어났다. 차들은 조금 더 속력을 낸다. 정취 있는 옛길을 택할까 하다가 안전한 큰길로 가기로 했다. 발산교를 지나 고개를 넘으면 증평에서 오창, 옥산으로 이어지는 훤한 들판이 터진다. 이제 그 들판을 가르며 길이 나고, 가을 지낸 수수밭처럼 전봇대가 어수선하다. 눈에 덮인 들판을 바라보는 것도 운치 있는 일이다. 산, 들, 들판 한가운데 있는 마을의 지붕들, 논 가운데 짚가리, 개울가 버드나무가 모두 하나같이 소복이 눈에 덮여 백색의 천지를 이루고 있다.

제도나 규범을 만들기 좋아하는 사람들은 '등단'이라는 고개를 만들어 놓고, 호젓한 오솔길을 걸으며 사색에 잠기거나, 오롯이 둑길에 서서 연잎을 구경하며 혼자만의 정취에 심취한 문인들을 유혹한다. 그러나 고갯길에 오르면 너른 들판이 다 내려다보이듯 삐죽삐죽 솟아오른 마른 수수깡을 발견하고, 훤하지도 못한 세계에 실망하는 것은 나도 마찬가지이다. 세상이 온통 백색만은 아닌 것에 절망하는 것은 나도 마찬가지이다.

눈은 청주국제공항 앞 교차로에도 녹다가 살짝 얼어 유리알처럼 반짝반짝 아름다움을 연출하고 있다. 해병대 출신 할아버지가 추위에 교통정리를 하고 있다. 빨강 모자의 노병은 과거의 패기를 잃지 않고 젊고 멋진 손짓으로 차들을 보내고 가로막기도 하곤 한다. 내게도 멋있는 손짓으로 얼음 위를 돌아가도록 허락해 준다. 조심스럽게 좌회전을 했다. 차들은 어느 하나도 질서를 잃지 않고 행진을 계속한다.

오늘날의 문학도 이렇게 질서 있는 행진을 하고 있을까? 글은 과연 진정한 글인가? 세상을 관조하지 못하고 드러나는 현상에만 현혹되어 있는 것은 언어유희에 불과하다. 옛날 문인들이 하던 정치처럼, 정치가 문학을 닮아 자유스러우면서도 격조 높은 품격을 지녀야 하는데 정말 그런가? 도리어 문학이 정치를 닮아가고 있지나 않은가? 문학한다는 이들이 정치하는 이들을 닮고 있지나 않은가? 문학하는 이들은 그들처럼 패거리를 짓지나 않는가? 그들에게도 관조와 인식 대신에 패거리가 있고, 논리와 형상 대신에 협잡과 궤변이 있지나 않을까? 노병은 패거리들이 모두 흩어져 제게 맞는 길을 갈 수 있도록 바른 손짓으로 길을 알려 주고 있는가? 이런 눈길에도 관조와 사색의 길로 안전하게 좌회전을 할 수 있도록 멋진 손짓을 보낼 수 있는가?

　오창 학교 앞을 지나 모정리에 들어선다. 다리 위는 더욱 심하게 미끄럽다. 차가 교행을 할 때는 더욱 조심스럽다. 그러나 시골로 갈수록 산은 더욱 아름답고, 사람들이 모여 사는 마을은 김이 모락모락 피어오를 것처럼 훈훈하다. 마을에서 노인들이 삽을 들고 나와 모래를 파서 찻길에 던진다. 서쪽 산줄기 아래 동향으로 들어선 마을이 죽 이어진다.

　나의 문학은 올곧게 나가고 있는가? 조간에서 박경리 선생이 오늘날 문학을 삶의 위안으로 삼는 유희적 도구로 전락해 버렸다고 아프게 반성한 글을 읽었다. 나의 글은 생활의 넋두리나 아닌가? 나의 수필은 자신에 대한 실망을 포장하는 3차 포장지는 아닌가? 나의 글은 부당한 행동을 정당화하는 비겁한 궤변은 아닌가? 나의 글은 나태懶怠와 비열한 삶의 낯 뜨거운 정당화는 아닌가? 나의 글은 자조와 열등의식의 돌파구는 아닌가? 내 글에는 세계에 대한 투철한 인식을 담고 있는가? 박경리 선생의 말처럼 이런 모든 것들을 위안 받기 위한 언어유희는 아닌가? 나의 문학은 넋두리, 궤변, 변명, 언어유희의 나락으로 미끄러지고 있는 건 아닌가?

　고속도로 육교 아래는 더욱 심하게 얼어붙었다. 좁고 굽이 잦은 길을 간을 졸이며 돌고 돌 때 뒤에서 비상등을 번쩍이며 덤프트럭이 바짝 붙는다. 바로 좌회전하려면 엔진브레이크를 걸어 정차를 해야 할 텐데 만약의 사태를 생각하니 온몸에 소름이 쫙 끼친다. 다리에 힘까지 빠진다. 나는 새로운 고뇌에 빠진다. 안전한 방향으로 회전하기 위하여 방향 지시등을 켰다. 노련한 트럭은 멀찍이 거리를 유지한다.

가까스로 좌회전을 하고 사무실 마당에 차를 세우고 길의 규모보다 많은 차량의 행렬 너머로 펼쳐진 들판의 설경을 바라보며 커피를 마셨다. 이 아름다움을 어떻게 내 것으로 만들 수 있을까? 세상의 모든 추한 것이나 아름다운 것이나 모두를 하나로 덮은 이 아름다움은 어떻게 객관화할 수가 있을까? 나의 문학의 종착점은 어디인가? 오늘 아침 눈길처럼 그렇게 미끄러움의 곡예를 거친 다음에야 도달할 수 있는 곳인가? 아니 나의 문학이 정류하고 있는 여기는 과연 어떤 곳인가? 이렇게 눈 덮인 아름다운 산야인가?

나의 문학은 과연 텅 빈 껍데기는 아닐까? 두렵다. 내가 머물러 있는 눈 쌓인 마당이 두렵다. 눈길에서 나의 고뇌는 가슴을 찌르는데, 뜨거운 커피는 더욱 뜨겁고, 흰눈은 내 안경을 더욱 차갑게 한다.

바람도 없는 뒷산의 참나무에서 한 무더기 눈이 쏟아진다.

(2002. ≪책 읽는 아이≫)

땅의 부름 하늘의 울림

 그것은 개벽의 소리였다. 가슴을 흔들어 놓는 생명의 소리였다. 세상을 온통 뒤흔들어 놓는 부름과 울림의 소리였다. 연주가 시작되어 끝날 때까지 세상이 아득하게 추락했다가 끊임없이 솟아오르는 환각에 빠져 버렸다. 가슴이 콱 막혔다가 탁 트이는 듯하고, 눈앞이 막막하다가 어렴풋이 밝아오는 기분이었다.
 사물놀이와 타이꼬(太鼓)의 합동 공연이 강당에서 있었다. 열두 명의 우리 사물놀이반 아이들과 일본 야마나시현립원예고등학교 타이꼬반 학생들의 합동 공연이었다. 공연을 시작하는 처음에는 참으로 섭섭했다. 아니 섭섭하기만 한 것이 아니라, 너희들 속셈이 뭐냐고 소리치고 싶었다. 우리 사물놀이반 아이들이 타이꼬 연주에 참여하여 신나게 연주할 때는 뛰쳐나가 아이들을 끌어내고 싶었다. 머리가 핑 돌았다. 하얀 백지에 먹물이 스미듯 어설픈 장단을 타고 기모노에서 묻어나는 검은 악령이 우리 아이들의 순결한 영혼에 얼룩을 지우는 것 같아 애가 달았다.

그러나 그것은 생각 짧은 나의 기우였다. 사물놀이반 아이들이 무대에 올라가 연주를 시작하자 그것을 깨달았다. 우리 고장 충북의 사물놀이 장단인 '웃다리 장단'은 잔잔하게 하늘의 깨우침으로 시작하더니, 이어 땅의 부름이 광막한 벌판에 한 줄기 빛을 내리듯 은은하게 소리의 파문을 일으켰다. 느닷없이 소리의 물결은 회오리바람이 되어 천지를 뒤집을 듯이 휘몰아치기 시작했다. 때로는 아무도 없는 깊은 계곡에 낙숫물이 되었다가, 때로는 잔돌 사이로 돌돌 흐르는 실개천이 되었다가, 엉킨 버드나무 뿌리 사이를 미꾸라지가 꿈틀대는 개울물이 되었다가, 때로는 열 길 바위에서 실폭이 쫄쫄 물줄기를 떨어뜨리다가, 갑자기 은어나 숭어가 튀어 오를 것 같은 거대한 폭포수가 되어 관객을 향하여 소리를 퍼부어댔다. 성난 황소가 울부짖듯, 심산궁곡에서 호랑이가 포효하듯, 서쪽 하늘로부터 검은 구름이 몰려오듯, 번개가 천둥을 몰아오듯, 하늘을 향하여 땅의 소리로 부르면, 하늘이 울림으로 응답하는 소리의 어울림이었다. 우리는 숨을 쉴 수도 없었다.

보는 사람의 가슴을 마구 두드리다가는 생각지도 못하는 사이에 다시 호수의 잔물결로 찰랑거리다가, 장난꾸러기 아이들이 아무렇게나 내던진 잔돌이 물수제비를 뜨듯 엇박자로 놓이다가 다시 휘몰아치고, 좌로 튀기고 우로 튀기고 하늘을 찌르고 지축을 울렸다. 도저히 열두 명 큰애기들이 여린 손가락으로 두들기는 소리라고는 믿어지지 않았다. 신이라도 내린 듯, 찌르고 두들기고 쓰다듬는 어여쁜 얼굴에는 땀도 웃음도 함께 담겨 있었다. 살아있는 우리 혼이 꿈틀거리며 용솟음쳐 오르는 듯했다. 아이들은 이미 장구가 자신인지 자신이 장구인지 잊어버린 것 같았다. 단조로운 그들의 장단으로는 얼룩은커녕 작은 물방울 하나 튀길 수 없는 꼿꼿한 우리만의 혼이 믿을 수 없을 만큼 선명하게 살아 있었다.

문화로 지배하지 못하면 아무도 지배할 수 없다. 만주족이 세운 청나라는 창과 칼로 중국 대륙을 지배하였지만, 거대한 한문화를 소화시키지 못하고 경련을 일으켰다. 일본도 우리를 지배하려고 온갖 수법을 다 동원하였지만, 그들의 밥그릇만큼 우리 문화를 담아갈 그릇은 크지 못했다. 조롱박으로는 만석꾼의 쌀을 다 훔칠 수 없는 것과 마찬가지이다.

일본에서 온 음악교사가 관람하는 아이들을 달래서 타이꼬 연주를 체험하도록 했다. 아이들이 한 10분쯤 손바닥으로 연습하고 북채를 잡고 몇 번씩 두들겨 보는 일이었다. 그런데 동작이나 소리의 크기는 일본 학생들에게 미치지 못하지만 장단만큼은 일본 국내에서 최고라고 자랑하는 타이꼬반 학생들 수준을 금방 소화하였다.

나는 문화는 뿌리의 깊이라는 당연한 진리를 다시 한 번 생각하게 되었다.

'뿌리 깊은 나무는 바람에 아니 뮐쌔……. 샘이 깊은 물은 가뭄에 아니 그칠쌔…….'

이런 생각 말이다. 뿌리가 깊은 문화는 바람에도 흔들리지 않고, 오염된 물에도 물들지 않고 얼룩도 반점도 있을 수 없다는 진리를 더욱 굳게 믿게 되었다. 그들이 사물놀이 체험을 포기한 까닭을 짐작할 만하였다. 그 정도 장단으로는 우리 아이들의 뿌리 깊은 영혼에 색다른 물을 들일 수도 없었다.

그들이 떠나는 날 아침에는 갑자기 기온이 뚝 떨어졌다. 새벽바람이 제법 차가운데 일본 학생들이 용달차에 짐을 싣고 있었다. 맨발에 끌신만 신은 아이들의 뒤꿈치가 왠지 더 추워 보였다. 차에서 짐을 받고 있는 나이 많은 선생의 윤기 없는 허연 머리카락이 '부스스' 바람에 날리고 있었다. 나는 무엇이든 돕고 싶었다. 커다란 북을 몇 개 날라 주었다. 인솔교사가 웃으며 인사를 했다. 나도 눈으로 웃음을 보냈다.

홈스테이에 참여한 사물놀이반 학부모들이 나와서 그들을 이별하고 있었다. 우리만이 가질 수 있는 따뜻함으로 이민족 아이들을 보듬어 주는 학부모님들의 가슴이 새삼 넓고 크게 보였다. 나도 모르는 사이에 눈시울이 뜨뜻해졌다. 우리를 향한 나의 감동이었다. 그때 어디선가 하늘의 깨우침이 울리는 듯했다.

둥, 둥, 둥……. 두둥, 두둥, 둥…….

(2008. ≪손맛≫)

줄

 마지막 봉우리에 올라설 때는 밧줄을 타야 했다. 수직에 가까운 바위는 높이가 20m는 족히 되어 보였다. 고맙게도 누군가 손아귀에 꽉 들어찰 만큼 굵은 밧줄을 늘여 놓았다. 이렇게 갈라진 바위틈을 이른바 '침니'라고 한다. 갈라진 틈이 너무 좁아서 몸을 마음대로 움직일 수 없다. 더구나 갈라진 바위틈에 발이 끼인 채 잘 빠지지 않아서 한발 올려 디디기도 어렵다. 때로는 체중을 바위틈에 간신히 지탱하는 발끝에 싣고, 손아귀로 움켜쥔 밧줄을 있는 힘을 다하여 당기며 한 발씩 올라야 한다.
 아차하면 바로 낭떠러지다. 밧줄을 놓치고 미끄러져 떨어진 다음에 낭떠러지가 의미하는 것은 뻔하다. 그건 죽음이다. 여기에 밧줄이 없다면 어떻게 오를 수 있을까? 그러니 자주색 밧줄은 생명줄이다.

 어깨가 빠지는 것 같다. 가슴이 터질듯이 숨이 가쁘다. 밧줄을 잡은 손에 불이 날 것만 같다. 그렇게 밧줄을 힘들게 당기면서 가까스로 침니로부터 벗어났다. 이런 순간에 생사를 달관할 사람은 아무도 없을 것이다. 긴장감으로 온몸이 땀에 젖었다. 이마에서 솟은 땀이 흘러 들어갔는지 눈이 쓰리고 따갑다. 올라온 길을 내려다보면 등골이 서늘해진다. 그러나 밧줄을 잡을 때 전해오는 손맛은 아직도 손바닥에 화끈하게 남아있다.

 머리띠를 풀어 땀을 닦으며 내려다보니, 바위틈에 늘여진 자주색 밧줄이 신비스럽다. 생각해 보니 지나온 황정산 암벽에 늘여놓은 밧줄은 모두 자주색이었다. 자줏빛이라 더 튼튼해 보였다. 자줏빛이라 더 믿음직스러웠다.

 ≪삼국사기≫〈탈해 이사금조〉에 게재된 '김알지 신화'를 보면, 탈해왕 때 경주의 서쪽에서 닭이 우는 소리가 나서 사람을 시켜 가보게 했다고 한다. 그런데 하늘로부터 자줏빛 구름이 땅으로 뻗치고, 구름 속의 나뭇가지에 금궤가 걸려 있는데, 그 아래에서 흰 닭이 울고 있었다. 금궤를 내려 열어보니 아기가 있었는데, 그 아기를 태자로 삼고 '김알지金閼智'라고 했다. 그가 바로 경주 김 씨의 시조이다.

 이 이야기는 신화에 불과하다. 그러나 신화가 고도의 상징적 의미를 지닌다는 것을 아는 사람은 허황된 이야기라고 하지는 않을 것이다. 신화가 상징성을 지닌다면, 여기서 자줏빛 구름이 상징하는 것은 무엇일까? 그 구름은 생명의 원천인 하늘과 일상의 공간인 땅을 연결하는 탄생의 줄을 의미한다. 신화적 공간에서 일상적 공간으로 내려오는 생명의 줄이다. 우리나라 신화에서는 하늘에서 내려오는 신들은 대개 구름을 타고 내려온다.

그런데 왜 하필이면 자줏빛일까? 사람들은 왜 구름을 자줏빛이었다고 생각했을까? 신화를 그 시대에 살았던 사람들이 지닌 의식 세계를 보여주는 이야기 마당이라고 한다면, 자줏빛은 생명의 줄을 상징한다는 것을 금방 알 수 있다.

진천 김유신 장군 탄생지 부근에 있는 태령산 정상에 올라가면 장군의 태실이 있다. 태를 소중하게 보관하는 풍습은 세계 어느 나라에서도 찾아 볼 수 없는 특이한 우리나라만의 문화이다. 우리만이 가지고 있는 생명을 존중하는 문화의 일면이다. 태는 모체와 신생아를 연결하는 생명의 통로이다. 태를 소중하게 여기는 문화가 오늘날 줄기세포를 연구하는 생명공학의 저력을 낳았는지도 모른다. 우리 민족이 이렇게 소중하게 여기는 탯줄이 바로 자주색이다. 자줏빛은 생명줄의 색이기에 황정산 자주색 밧줄이 더 믿음직스럽다.

줄이 없으면 우리는 살 수 없다. 생명은 줄로 이어진다. 피는 핏줄을 통하여 돌고, 몸 구석구석의 정보는 신경 줄을 통해서 뇌로 전해진다. 줄이 없으면 우리는 한순간도 생명을 유지할 수 없다. 사회생활의 식량인 정보도 줄에 의해서 전해진다.

전화나 인터넷이 그것이다. 세상의 모든 정보는 줄을 타고 내게로 온다. 나에 관한 모든 정보는 줄을 타고 세계로 간다. 모든 에너지도 줄을 통하여 필요한 곳으로 흘러간다. 우리는 줄을 통해 받은 에너지로 삶의 세계를 밝히고 생활 터전을 확장하며 생명도 연장시킨다.

  세상에는 보이지 않는 줄도 있다. 보이지 않는 줄이 나를 끌어주고, 내가 남을 이끌기도 한다. 보이지 않는 줄이 있어 내가 남에게 연결되고, 남이 나에게 이어진다. 나는 기대를 걸고 보이지 않는 줄에 줄을 서기도 한다. 내가 선 줄은 목련같이 미더운 우정이 되기도 하고, 백합같이 향기로운 연정이 되기도 한다. 줄은 때로 미움이 되기도 한다. 해와 달이 된 오누이는 튼튼한 밧줄을 잡아 하늘에 올랐으나, 포악한 호랑이는 썩은 밧줄을 잡았다가 떨어져 수숫대를 피로 물들이고 죽었다는 옛날이야기도 있다. 내가 거는 기대는 포악한 호랑이의 뒤만은 아니었으면 좋겠다.

  줄은 길이다. 줄은 세상으로부터 내게 들어오는 길이고, 나로부터 세상으로 나아가는 길이다. 하루도 줄과 함께 살지 않는 날이 없다. 세상에는 보이는 길과 보이지 않는 길로 가득하다. 나는 길을 타고 세상에 나아가 역사라는 그림을 그린다. 그러나 내가 그린 그림은 의미를 드러내지 못할 때가 더 많다.

  방금 땀 흘리며 타고 올라온 자주색 밧줄을 또 한 번 바라본다. 저 줄을 타고 지금 이 세상에 올라왔지만, 언젠가 저 줄을 타고 다시 내려가게 될 것이다. 평화와 안락이 깃든 세계로 말이다.

(2008. ≪손맛≫)

불의 예술

창을 열기가 두렵다. 요 며칠 사이에 차가워진 아침 공기 때문이 아니다. 하늘빛 때문이다. 아파트 회벽 사이로 보이는 코발트 빛 하늘이 온몸을 빨아들일 듯하다.

창을 열다말고 진열장을 들여다본다. 지난 88년 단양을 떠날 때 방곡 도요의 명장 방곡傍谷 서동규 선생으로부터 얻은 녹자綠磁 정호다완井戶茶碗이 숨어 있는 색의 비경을 변함없이 보인다. 오늘은 원통암이 있는 황정산 등반을 서둘러 마치고, 방곡에 들러 그간 경지에 이르렀을 명장에게 흙의 도를 들어야 겠다.

황정산 원통암은 15,6년 전에 들렀을 때는 주변의 경관과 어울린 바위 아래 대웅전의 고고함이 엄청난 감동을 주었는데, 3,4년 전 부처님 오신 날에 들렀을 때는 실망만 안겨 주었었다.

땀에 젖을 정도로 경사가 심하기는 했지만 사찰로 오르는 계곡은 한적한 오솔길이었는데, 길은 육탈肉脫된 해골처럼 수마에 무너져 흔적조차 찾을 수 없고, 천년 고찰의 절집은 미친 화마의 불꽃으로 한 무더기 재로 변해 있었다. 그런데 그만한 세월이 지났는데도 그 처참한 모습은 오늘도 변함없고 스님조차도 절을 비우고 없었다. 짐짓 실망의 빛을 감추는 아내와 함께 간 친구 내외에게 미안했다.

서둘러 하산하여 방곡 도예촌에 들르기로 했다. 사인암에서 직티리를 가로질러 새로 난 도예촌 가는 길은 숲속 오솔길에 있는 그대로 아스콘을 깔아 놓은 듯 자연과 문명이 조화를 이루고 있다. 새소리, 물소리, 바람 소리가 어우러지고, 산의 호흡에서 풍겨 나오는 자연의 향기가 불로 인해 망가진 원통암에서 남은 애잔함을 씻어줄 듯했다.

차 안에서 바라보는 방곡은 15, 6년 전의 모습과는 너무나 많이 변해 있었다. 숨어있던 도예라는 흙의 예술혼이 살아 나와 산기슭이나 밭두렁에 묻어 숨 쉬고 있었다. 직티에서 옛날 방곡 분교장으로 내려가는 장작 가마가 군데군데 산재해 있던 마을을 가로지르는 포장도로 양편에도 흙의 예술이 기어나와 용틀임하고 있었다.

옛날을 거의 찾아볼 수 없을 정도로 변한 모습 때문에 나는 방곡傍谷 선생의 방곡 도요를 찾을 수 없었다. 아무데나 주차하고 마을에 들어가 한 도예원에 들어갔다. 원장이라는 분의 안내로 그의 작품을 감상했다. 대부분 음각을 하여 구워낸 대작이었다. 작품은 화려하지 않지만 고졸한 빛을 내는 말하자면 현실을 초탈한 서민의 모습이었다. 작은 소품들은 생활필수품으로 쓰이는 커피잔이었다. 일본에서 활동할 때 주로 했다는 대형 벽화, 오백나한상은 스크랩으로만 볼 수 있었다.

흙의 예술에 관심을 갖고 흙의 문화의 주제를 찾는 나로서는 적이 실망하지 않을 수 없었다. 실망의 빛을 감추고 자기의 색채에 대한 질문을 계속했다. 그분은 흙으로만 빛을 낸다고 했다. 흙으로 빚어 흙에서 나온 유약으로 윤을 내고, 흙가마 속에서 구워냈으니 흙을 벗어날 수는 없다고 했다. 그러면서 사람의 손재주나 흙의 재질뿐 아니라 작품의 품격은 결정적으로 불에서 나온다고 했다. 그때 그의 부인이 옆에서 '자기磁器, 그건 불의 예술이에요.' 하고 거들었다. 자기는 장인의 손끝을 벗어나 불의 결정을 기다려야 하는 운명적인 것이라는 뜻이었다.

'불의 예술', 나는 흙으로 빚어 불로 구워낸 흙과 불의 오묘한 빛깔이 영원불변한 것이기를 바랐다. 진품인지는 잘 모르지만 금나라 때의 천목 다완天目茶碗을 내놓았다. 짙은 코발트 빛의 너부죽한 찻잔이다. 코발트빛은 평면이면서도 입체의 느낌을 주는 수많은 이슬방울 같은 무늬로 장식되어 있었다. 하늘의 수많은 눈망울들이 마음속까지 꿰뚫어 보는 것 같아 가슴이 뜨끔했다. 그 신비스러운 빛깔과 무늬가 1200년을 넘어 오늘까지도 방금 구워낸 것처럼 살아 있는 모습이었다. 그때까지만 해도 녹자가 보여주는 옅은 녹두빛도 그의 말대로 운명처럼 불에 맡겨진 불의 예술일 것이라고 믿었다.

그는 불의 예술의 극치라면서 잘 익은 자두 빛의 진사자기辰砂磁器 항아리를 보여 주었지만, 녹자를 발견하지 못해서 자꾸 전시된 작품들을 두리번거렸다. 그러다가 시내 성안길 길바닥에서나 볼 수 있을 것 같은 반야심경을 담은 항아리를 발견했다. 그건 가스불로 구워낸 것이었다. 나는 더 이상 녹자를 찾지 않기로 했다. 이제 일어나야겠다는 생각을 한 것이다.

기억을 더듬고 사람들에게 물어 방곡 도요를 찾았다. 직티에서 넘어오는 길과 문경 단양을 잇는 도로가 만나는 삼거리 지점에 있었다. 방곡傍谷 선생의 도요에서 녹자의 진경을 감상할 수 있으리라는 기대감으로 전시실을 기웃거렸다. 선생은 출타했는지 문을 열어 주는 젊은 친구는 우리를 보고 반갑게 인사를 했다. 이 고장 학교에 근무할 때 잠시 가르친 적이 있는 방곡傍谷 선생의 아들 서 군이었다. 아버지의 대를 잇는 그는 학생시절의 앳된 모습이 남아 있었지만 이마에는 어느덧 연륜을 얹고 있었다.

전시실은 예전보다 정리가 잘되고 작품도 다양하다. 선생의 녹자는 예전의 그것과는 비교할 수 없을 정도로 형언할 수 없는 신비의 빛을 내고 있었다. 은은한 녹두색 바탕에 무르익은 살구의 속살에서나 얻을 수 있는 화려한 분홍빛 무늬로 매화꽃이 만발한 다완을 보며 경탄을 금하지 않을 수 없었다. 나는 정호 다완의 분홍빛 매화꽃 무늬 앞에서 발길을 돌릴 수가 없었다. 은은한 듯하면서도 화려하고, 화려한 듯하면서도 결코 천박하거나 싫증나지 않으며, 억지로 눈을 빨아들이지도 않았다.

흙과 불의 예술이 꽃피운 매화는 녹자 이도항아리에서 극치를 이루었다. 맑고 깨끗한 녹두색 항아리에는 엷은 윤기가 흐르고, 온 세상이 그 속에 담겨 있는 듯했다. 거기에 방곡 산야에 널브러진 흙이, 그리고 대를 이어온 명장의 손길과 땀과 숨결이, 소박하면서도 수려한 황정산 자락이, 선암 계곡으로 흘러드는 옥같이 맑은 물이 오롯이 담겨 있는 듯했다.

그걸 들여다보고 있으면 방곡(傍谷) 선생이 땀 흘리며 흙을 다지는 모습도 보이고, 물레를 돌리는 섬세한 손길도 보이고, 장작 가마의 타오르는 불길도 보이고, 그 불길 사이로 아침에 떠오르는 태양처럼 발갛게 익어가는 자기도 보이는 것 같았다. 끊임없이 흙으로 향한 정진의 목소리를 바로 만날 수 있을 것만 같았다.

이 다완에 차를 따라서 왼손으로 받쳐 들고 중지로 가만히 찻잔의 밑바닥을 더듬어 보면 도도록한 손맛을 느끼게 된다. 어릴 때 만지작거리던 어머니 젖꼭지 같기도 하다. 그런데 그 뾰족하고 단단함이 어쩐지 더 여린 그것에서 오는 느낌인 건 속일 수 없는 사실이다. 손가락으로는 가만히 성의 감촉을, 혀로는 은은한 녹차의 향기를 느끼는 것을 보면 방곡 선생의 열려있는 탐미에 대한 배려가 감동스럽다.

정호다완은 우리나라에서 서민들이 쓰는 막사발이었다고 한다. 우리의 막사발이 임진왜란을 전후해서 일본으로 건너가 그 아름다움에 감복한 일본인들이 최고급의 찻잔으로 쓰면서 붙인 이름이라고 한다. 다시 한 번 문화의 자부심을 일깨워 주는 일이기도 하다. 그리고 녹자는 방곡(傍谷) 선생이 방곡의 흙과 느릅나무 재를 원료로 최초로 빚어낸 흙 예술의 극치라 한다.

나는 여기서 불의 예술이란, 흙으로 빚어 인간의 손길을 떠나 불에 맡겨져 운명처럼 기다려 나오는 우연의 결과가 아니라, 명장에 의해서 빚어진 흙이 다시 한 번 인간의 예술혼이 빚어내는 불길에 의해서 표출되는 자연을 떠난 자연임을 깨달았다. 불의 예술은 곧 불 혼자만의 것이 아니라, 명장이 빚어낸 불에 의한 것임을 매화무늬 이도항아리는 깨우치고 있었다.

불은 황정산 너머 원통암에서 천년 고찰을 재로 만들어 우리를 애잔하게 하더니, 날망을 넘어와 이곳 방곡에서 명장의 호된 손길을 맞고 길들여져서 온통 자연을 휩쓸어 녹자에 담아 은은하면서도 황홀한 살구빛 매화로 꽃피우는 불의 예술로 승화된 것이다.

돌아오는 길, 주흘산이 버리고 간 여인의 어깨처럼 부드럽고 애잔한 산자락에는 지는 해가 뒷좌석 아내들의 흐뭇한 대화를 듣는지 마는지 이미 비취색으로 변한 하늘을 배경으로 또 하나의 불의 예술을 연출하고 있었다.

(2003. ≪손맛≫)

팔려가는 소

　아침부터 집안 공기가 무겁다. 이런 날은 큰소리를 내서도 안 된다. 할머니는 마루 끝에 앉아 연신 곰방대에 살담배를 담으신다. 화롯가에 담뱃재 떠는 소리가 유난히 크다. 아버지의 기침소리도 가라앉는다. 공연히 미안한 어머니는 구정물에 쌀겨를 한 바가지 풀어 구유에 부어 준다. 물색 모르는 소는 눈을 희번덕거리면서 기다란 혀로 날름날름 맛을 보더니 코까지 박고 들이켠다. 나는 까짓 팔려갈 소에 웬 쌀겨까지 먹이느냐고 투덜댔지만 기분은 마찬가지이다.
　오늘 소가 팔려간다. 소를 팔아야 집안에 큰일을 치른단다. 어린 나는 그깟 큰일은 없으면 안 되는가 싶었다. 어머니는 그래도 소를 팔아야 살림도 사고 먹을 것도 들여올 수 있다고 한다. 소를 팔아야 잔치에 쓸 국수를 사고 술도 빚는다. 그래서 소를 판다고 한다. 소도 팔지 말고 큰일도 치르지 않으면 되는 것이 아닌가?

　남들은 소를 생구生口라고 하지만 우리 집에서는 식구나 마찬가지이다. 이 녀석은 송아지 적에 우리 집으로 와서 어른이 된 것이다. 처음에는 입 언저리에 하얀 어미젖이 묻어날 것 같이 보송보송했다. 고 귀여운 녀석이 보고 싶어서 자다가 일어나서 외양간에 가본 것도 한두 번이 아니다. 어둠 속에서 어린 송아지가 무섭지나 않을까 걱정되어 한참을 외양간 앞에 앉아 있기도 했었다.

　송아지가 맛나게 먹고 영양도 높은 먹이가 있었다. 이른바 소쌀나무라고 하는 자귀나무이다. 연한 새순을 잘라다가 쌀겨를 섞어 먹였더니 목덜미로부터 엉덩이까지 기름이 자르르 흘렀다. 눈가에 눈곱 낄 날도 없었다. 엉덩이에 포동포동하게 살이 붙어 똥 따까리가 저절로 떨어져 나갔다. 누런 엉덩이에 반질반질 윤이 났다.

　아버지는 노간주나무를 베어다가 다듬고 다듬어 물에 불리고 불에 구워 코뚜레를 만들어 두었다. 어느 날 학교에서 돌아와 보니 언제 뚫었는지 코를 뚫었다. 얼굴에 코뚜레를 떡하니 걸친 송아지는 의젓해 보였다. 처음으로 안경을 끼었을 때처럼 나이 들어 보였다. 생살에 생채기를 내어서인지 커다란 눈에는 눈물이 그렁그렁했지만 송아지라고 부르기 미안할 정도로 어른이 되어 있었다.

가족들과 그렇게 정이 든 채 몇 해 동안 송아지를 낳아주고 농사일을 거들던 소를 팔게 된 것이다. 아버지는 송아지를 길러 다시 어미소를 만들면 된다고 자꾸 위로했지만, 아프고 아까운 마음을 헤아릴 수 없었다. 그러나 우리 소는 그 장날에 쇠전에서 팔려갔다.

내가 무쏘를 살 때는 순전히 차가 멋있어 보였기 때문이다. 전에 타던 차가 버릴 만큼 낡은 것도 아니었다. 그런데도 당시에는 아주 호사스러운 사람만이 타던 무쏘가 멋있어 보여 허영심을 자제할 길이 없었다. 무쏘를 타고 다니는 사람이 세상에서 가장 행복한 사람이고, 가장 멋있는 사람이고, 부귀영화를 다 누리는 사람처럼 보였다. 무쏘가 아닌 차는 차로 보이지도 않았다. 어린애들처럼 탈 없이 잘 굴러가는 차가 원망스러웠다.

무쏘를 향한 목마른 소망은 달랠 길이 없었지만 포기할 수밖에 없었다. 타던 차가 버릴 단계도 아니었고, 값이 만만찮아 내게는 어울리지도 않았다. 독하게 모든 것을 포기하고 타던 차를 어느 정도 수리하면서 다시는 정말로 다시는 무쏘를 바라보지도 않겠노라고 다짐하고 또 다짐했다. 그런데 어느 날 퇴근해 보니 자동차 외판원이 와서 아내와 무쏘 구입 절차를 상의하고 있었다. 마음속으로는 철없는 나를 헤아려 준 아내가 고마웠지만 겉으로는 펄펄 뛰었다. 그러나 바로 계약서에 서명하고 말았다.

차는 바로 들어왔다. 드디어 우리 아파트 마당에도 무소 한 마리를 기르게 되었다. 검고 육중하며 거대한 야생의 무소가 초원으로 내달릴 태세를 보였다. 나는 서재에서 잘 보이는 곳에 주차하고 틈만 나면 창 너머로 내다보았다. 검은 보닛에 푸른 하늘이 담긴 모습은 청아하기까지 했다. 그토록 선망하던 차를 남들이 선망할 것을 생각하니 바라볼 때마다 가슴이 뛰었다.

처음에는 생각처럼 무직해서 운전이 어렵고, 출발이 둔해서 잠시 후회했지만 바로 몸에 익숙해졌다. 지방으로 출퇴근할 때라 시내를 벗어나 한번 탄력을 받으면 바람을 헤치고 들판을 질주하는 사나운 짐승이 되었다. 차체가 높아 시야가 탁 트인다. 세상이 다 눈 아래 내려다보이는 기분이다. 운전에 두려움도 없었다. 아무리 먼 거리를 갈 때도 어려움이 없었다. 두려움이 없으니 정신적 피로도 없다. 탈수록 정이 들었다. 게다가 14년을 안 간 데 없이 마구 타고 돌아다녔어도 투정 한번 부리지 않았다. 부품 하나하나가 모두 움직이는 데 문제가 없었고, 소모품의 수명도 지루할 정도로 길었다. 무쏘는 내 몸의 일부처럼, 명령을 기다리는 충복처럼 항상 곁에 있어 주었다.

열네 해 동안이나 나를 실어 나르던 충성스러운 시종에게 새 주인이 나타났다. 내게는 자식들이 새 차를 마련해 준다고 한다. 오늘 아버지 산소에 가는 길에 새 주인에게 나의 충복을 끌어다 주기로 했다. 기다리던 새 주인에게 무쏘의 열쇠를 넘기고 아들의 차에 오르며 돌아보니 울적한 마음을 가다듬을 길이 없었다. 낡았다고 팽개쳐 버리는 속물 같은 내 꼭뒤가 부끄러웠다. 꼭 팔려가는 소가 모롱이를 돌아서 그림자조차도 보이지 않던 어린 시절에 겪은 아득한 절망감처럼 씁쓸하기만 했다. 그때 그 시절 소를 팔고 돌아서던 아버지 마음도 꼭 이랬을 것이라는 생각을 하며 선산으로 향했다.

(2011. ≪풀등에 뜬 그림자≫)

진눈깨비 맞는 장롱

 밤사이 진눈깨비가 내렸다. 아침에 일어나 창밖을 내다보니 하늘은 파란데 앞산 소나무에 눈이 하얗게 쌓였다. 아파트 마당에 세워둔 승용차들의 지붕에도 녹는 눈으로 젖어 있다. 새로 이사할 아파트 입주일이 한 달이나 남았는데 집을 비워주게 되었다. 그래서 어제 살림살이를 다 내려 창고로 실려 보내고 빈집에서 마지막 밤을 지냈는데 밤사이 3월의 눈이 내린 것이다. 땅도 젖어 있고, 나무도 젖어 있고, 미끄럼틀도 젖어 있다. 3월의 눈에 대지가 온통 다 젖었다. 밖을 내다보던 아내 마음도 젖어 있는 모양이다.
 아파트 놀이터 한편에 딱지를 붙여 내놓은 장롱이 진눈깨비에 젖어 있다. 파란 하늘에서 아직도 아쉬운지 젖은 눈발이 드문드문 장롱에 흩날린다. 20년 전 아파트 입주 기념으로 산

열두 자짜리 장롱이다. 마흔 평이 넘는 새 아파트에 어울리지 않는다고 장모님이 보내주신 자개 박힌 장롱을 그 어른의 정성과 함께 버리고 새로 장만했던 것이다. 당시로서는 상당히 큰돈을 들인 호사품이었다. 아내가 장롱을 얼마나 애지중지했는지 오랫동안 썼는데도 흠집 하나 없다. 장롱이 들어오는 날 상기되던 아내의 모습이 지금도 선하다.

나도 이렇게 안타까운데 아직도 새것 같은 장롱을 버리는 아내의 마음은 얼마나 아릴까. 우리 내외는 어떻게든 버리지 않으려고 무진 애를 썼다. 나는 새로 입주할 아파트에 가서 방의 이곳저곳을 줄자로 재면서 장롱 놓을 자리를 찾았다. 아내는 친지들 중에서 가져다 쓸 사람이 있는지 두루두루 알아보았다. 그러나 모두 허사였다. 일단 버리기로 마음먹은 다음부터 아내는 버려야 하는 물건이 생길 때마다 '장롱도 버렸는데 이까짓 것' 하면서 위안을 삼았다.

장롱은 이십 년간이나 우리 집 소중한 것을 모두 안고 있던 가구 중의 가구이다. 등기 권리증이나 크고 작은 패물이나 아내가 끈질기게 모아 간직한 적금 통장이나 모두 그 안에 있었다. 내가 아끼는 넥타이도 손빨래로 반지르르하게 다림질한 새하얀 와이셔츠도 아끼는 양복도 다 그것이 품고 있었다. 아이들 이부자리도 속옷도 배냇저고리도 다 깨끗하고 뽀송뽀송하게 보관해 준 은인이다. 만지고 쓰다듬는 동안 아내의 손때가 묻어 반짝반짝 윤이 난다. 장롱이 지녀온 수택手澤은 바로 아내가 쌓아온 정의 윤기이다.

농을 비우고 인부들이 사다리차에 실어 아파트 마당 한편에 쌓았다. 나는 동사무소에서 떼어온 폐기물 딱지를 붙였다. 버리는 과정은 이렇게 단순했다. 아내는 그 꼴을 보지 않으려고 주방에 돌아 앉아 하릴없이 그릇을 만지작거렸다. 이제 그렇게 애지중지하던 아내의 보물은 대형 폐기물이란 딱지가 붙어버렸다. 딱지를 붙이는 순간 누구도 돌아보지 않는 쓰레기가 된 것이다.

집을 옮기려니 버려야 하는 것이 많다. 시대의 흐름에 맞추어 어쩔 수 없이 버려지는 것들이 허다하다. 나는 절대 버리지 말아야 한다고 했지만 수십 년간 모아온 서책을 3분의 2나 버렸다. 명작소설 전집은 물론 백과사전도 버리고 영인본 ≪사상계≫, ≪국어국문학≫, ≪文章≫도 버렸다. 1973년부터 모아온 월간 ≪문학사상≫도 버렸다. 서가도 두 개나 버렸다. 장독도 버리고 화분도 몇 개를 버렸는지 모른다. 아내는 시집올 때 가져온 밥그릇도 버렸다. 따지고 보면 이십 년 살아오는 동안 어머니 아버지의 종신을 맞았던 집도 버린 것이다. 정든 모든 것을 그렇게 버렸다.

세상은 쓸모없는 것을 버린다. 아니 쓸모없다고 규정지은 것들을 버린다. 세상이 바뀌고 취향이 바뀌면 거기에 맞지 않는 것을 모두 버린다. 자판기에서 뺀 커피를 마시고 종이컵을 버리듯이 쓸모가 다하면 뭐든지 버린다. 일회용을 버린다고 나무라지만 무엇이든 버려지는 것은 모두 일회용이다. 1분을 사용하고 버리든 20년을 사용하고 버리든 버려지는 것은 모두 1회용인 것이다. 지니고 있던 시간의 길고 짧음에 관계없이 버려지는 것은 다 1회용이다.

우리는 사람을 버리기도 한다. 만남은 결국 서로를 버릴 것을 전제로 이루어진다. 서로 아무리 사랑한다 해도 결국은 이별하는 것처럼 어쩔 수 없이 버리게 되는 것이다. 버리는 마음이 미안하고 버려지는 마음이 섭섭하다 하더라도 결국은 버려야 하는 것이 인간사이다. 아무리 누가 나를 버리지 않더라도 역사는 나를 버리고야 말 것이다. 그러니 나도 언젠가는 버려질 운명이다. 아니 지금도 누군가에게 버려지고 있을 것이다. 자연도 나를 서서히 버리고 있을 것이다. 아니 누구도 나를 버리지 않는다 하더라도 결국 내가 나를 버릴 것이다. 내가 나를 버린다는 것을 생각해 보면 무서운 일이다. 그러나 그건 섭리이다.

버릴 책을 선별하는 데 2주나 걸렸다. 한 번도 안 읽은 책, 최근 몇 년간 한 번도 펴보지 않은 책을 모두 버렸다. 세로쓰기로 된 책, 글씨가 잘아 잘 보이지 않는 책도 버렸다. 그런 중에도 내 글이 실린 책을 버리지 않으려고 안간힘을 썼다. 버림받지 않는 책들이라고 영원히 내 서재에 꽂혀있으라는 법은 없는데도 말이다. 그러나 책을 버렸다 해서 책에 담긴 저자의 영혼까지 버려지는 것은 아니라고 본다. 내가 그 책을 읽었다면 저자의 사상 일부가 뼈와 살이 되어 나의 영혼으로 남게 되는 것이다. 그래서 나는 책을 버리는 죄책감을 조금이나마 덜 수 있었다.

딱딱한 호두를 깨뜨려 보면 고소한 알맹이가 나온다. 언젠가 이 호두 알맹이가 꼭 인간의 뇌의 모양과 같다는 생각을 해 본 적이 있다. 고소한 호두 알맹이를 반으로 나누어 보면 병원에서 본 뇌의 그림과 똑같다. 그래서 나는 호두 알갱이를 영혼의 형상이라고 말해 왔다. 우리는 껍데기를 버리고 고소한 알맹이를 먹는다. 호두를 먹을 때는 누군가의 영혼을 취하는 것 같은 착각을 하게 된다. 순간의 선택이지만 육신은 버리고 영혼은 취하게 된다. 순간의 일이지만 껍데기보다 소중한 것은 영혼 같은 알맹이다. 우리는 물질을 버리지만 깊은 정까지 버리는 것은 아니다. 육신은 버려져도 그의 영혼은 세상에 남는다.

아, 그렇구나. 장롱은 버렸지만 장롱에 담긴 아내의 정은 가족사에 영원히 남는 것이다. 남길 것은 장롱이라는 껍데기가 아니라 바로 영혼이라는 알맹이다. 영혼은 남는 것이다. 영혼의 그릇인 책은 버림받았지만 책에 담긴 사상은 내 영혼이 되어 남아 있다. 세상에 오래 남는 것은 고소한 영혼이다. 껍데기는 차가운 진눈깨비에 젖어도 정은 영혼이 되어 따뜻한 세상에 남는 것이다.

(2014. ≪풀등에 뜬 그림자≫)

백골산성에서

 여기는 백골산, 아니 백골산성이다. 나는 백골산성 망루에 자리를 펴고 앉아 있다. 지금은 대전시 동구 신하동. 백제 땅도 아니고 신라 땅도 아니다. 성을 차지하려고 다툴 사람도 없이 그냥 우리 겨레붙이가 함께 사는 대전광역시 신하동 뒷산이다. 누구도 가릴 것 없이 어느 때를 따질 것도 없이 여기에 올라올 수 있고, 마음 닿는 대로 내려갈 수 있다.
 백골산, 이름은 괴악해도 산은 아주 작고 부드러운 야산이다. 아니 그냥 동네 뒷산이다. 신하동과 신상동을 잇는 산줄기이다. 마을 사람들이 나무하고 산나물 캐던 그런 산이다. 아이들이 산딸기를 따고, 억새를 꺾어 활을 쏘던 그런 민중들이 디딘 일상의 발자국이 남아 있는 언덕배기이다.
 덥다. 예보보다 더 덥다. 셔츠가 다 젖었다. 산 아래보다 여기 아름드리 참나무 우거지고, 성으로 테를 두른 산마루 망루라 더 덥다. 땅이 뜨겁다. 하늘이 뜨겁다. 나무는 하늘을 찌르고 풀은 성석을 덮었다. 열려있는 하늘이 닫힌 듯 갑갑하다. 시간을 넘어 그날의 열기가 오늘까지 뜨거운 것인지도 모른다.

역사는 여기서 백제 성왕의 백성 삼만이 죽었다고 일러준다. 소중한 목숨 팽개치듯 버린 가련한 백성의 백골 위에 내가 앉아 있는 것이다. 1500년 전 여기에 버려진 백골을 깔고 앉아 있는 것이다. 나무도 풀도 돌도 흙도 백제인의 혼이고 백제인의 살이고 뼈이다. 서성거리는 하늘도 바람도 구름도 다 백제인의 한이다. 성왕의 백성이기 이전에 아가들 웃음소리에 행복해 하고 아낙네 뒤태에 가슴 설레던 소박한 민중이었기에 그들의 한은 더 깊다.

성왕은 자신의 딸을 진흥왕에게 출가시키고 신라가 느슨해지기를 기다리며 기회를 노렸다. 때를 타서 태자 부여창이 신라 손안에 있던 옥천의 관산성을 점령해 버렸다. 역시 세상 무서운 줄 모르고 세력을 넓혀가던 진흥왕의 자존심은 성처럼 무너졌다. 세상 무서운 줄 모르는 성왕은 고작 50명 군사를 이끌고 아들을 격려하러 고리산성으로 향했다. 그 시대에도 세작細作은 있었다. 첩보를 접한 신라군은 구진벼루에서 성왕을 기다렸다. 경솔했던 성왕은 어이없게도 사로잡히고 말았다. 백제의 영웅적 제왕인 성왕은 자신의 손아귀에 들어온 관산성 바로 아래 개울가에서 재위 31년 백제 중흥의 꿈을 마감하고 일개 졸병의 칼 아래 목을 늘여 치욕적 죽음을 맞이한 것이다.

영웅의 싸움은 필부의 피를 부른다. 아니 영웅은 자신의 이름에 필부의 피를 묻혀 이루어낸다. 영웅은 자신의 이름을 필부의 피로 쓴다. 진흥왕과 성왕이라는 신라와 백제 두 영웅의 싸움은 구진벼루에서 종말의 기미를 보이고 여기 백골산성에서 끝이 났다. 역사의 갈림길은 여기서 이루어진다. 아버지의 죽음에 이성을 잃은 젊은 태자에게 차분한 작전이 있었을 리 없다. 그의 무모한 공격은 여기 백골산성에 이만 구천육백이라는 자기 백성의 피를 뿌리고 뼈와 살을 묻어버릴 수밖에 없었다. 그는 부랴부랴 부여로 도망가 위덕왕이 되었다. 그렇게 백골 산성은 삼국쟁패라는 역사의 분수령이 되었다. 나는 그 분수령에 앉아 있다. 백제의 병사가 진흥왕의 목을 베어 경주로 보냈다면 오늘의 역사는 어떻게 바뀌었을까 하는 생각을 해본다.

바로 저기 관산성이 보이고 부여창이 주둔했던 고리산성이 코앞이다. 아마도 그들은 해일처럼 밀려오는 신라군의 공격에 몰려 여기까지 쫓겨 왔을 것이다. 여기서 가문 날 무자리에 올챙이 모이듯 기진맥진하여 말발굽에 짓밟히며 칼을 받았을 것이다.

참혹한 역사의 현장도 1500년 지난 지금에는 모두가 전설이 되었다. 저렇게 성석이 흙에 묻히듯 묻혀 버렸다. 무너져 여기저기 흩어진 성석이 그날의 참혹했던 모습을 대신 말해 준다. 바위 이끼 낀 돌에서 얼룩진 핏자국이 보일 듯하다. 그날의 억울한 영혼이 잎사귀마다 흐느낀다.

아름드리 참나무가 하늘을 가린다. 성석도, 그날의 함성도, 비명도, 두런두런 그날의 얘기도, 피눈물 섞인 흐느낌도 뼈와 함께 다 땅에 묻혔다. 뼈는 나무가 되고, 그들의 피는 이슬이 되었다. 그들의 숨결은 바람이 되어 나뭇가지에 걸렸다. 하늘을 찌르는 참나무는 지금도 그들의 피를 길어 올려 광합성을 한다. 우리는 그날을 그냥 전설처럼 말한다.

그런 비극적인 역사를 아는지 모르는지 여기서 바라보는 세상은 참으로 아름답다. 문의로 향하는 호반이 한 폭의 그림이다. 기다란 하늘색 깁을 펼쳐놓은 듯 호수는 한없이 푸르고 아름답다. 잔잔한 수면 위에 동동 떠있는 섬이 외롭지 않다. 어린 아이가 크레파스로 그려 넣은 것 같은 하얀 호안선湖岸線이 착하고 순하다. 아무런 불평도 없이 단정하게 아름다운 곡선을 그리며 그칠 줄 모르고 달려간다.

여기서 강을 사이에 두고 계족산성이 보인다. 옛날의 닭이 바로 앞에 뾰쪽하게 솟은 개머리산을 한번 발로 차고 홰를 치며 계족산성으로 날아갔을까? 이름이 심상하지 않다. 첩첩한 산줄기가 원망스럽다. 옛사람의 고향이 여기서 얼마나 멀겠는가? 닭처럼 날아서 계족산성에 발을 디디면 거기가 바로 고향이 아니었을까?

아이들이 보고 싶고, 아내가 그립고, 부모가 걱정되어 성석에 앉아 한탄하며 별을 바라보았을 그들을 다시 생각해 본다. 그날의 비극을 알 턱이 없는 사람들이 차를 몰고 음식점이 즐비한 이른바 꽃님이 반도로 들어간다.

그들은 왜 싸워야 했을까? 누구를 위하여 이웃 마을 사람의 목에 칼을 겨누어야 했을까? 여기서 관산성은 백 리도 안 된다. 그 마을에는 사돈도 살고 외가도 있었을 것이다. 그냥 거기서 각자 소 기르고 농사지으면서 소박하게 살면 되었을 것이다. 농사를 팽개치고 창을 들고 싸움터로 불려 나오면서 가진 소망은 무엇일까? 그들에게도 삼국 통일이, 제왕에 대한 충성이 어린 새끼를 안고 어르는 것보다 더 절실한 소망이었을까?

우리는 소망 때문인지 이념 때문인지 아니면 욕망 때문인지 싸우는 것은 지금도 다르지 않다. 북쪽에서는 남쪽과 상종도 안 한다 하고, 남쪽에서는 북쪽을 독재라 비아냥거린다. 북쪽에서는 고요하고 평화로운 연평도에 대포를 쏘았고, 남쪽에서는 연평도에 새로운 사령부를 창설했다. '무찌르자, 때려잡자, 쳐부수자' 하는 것이나 '서울을 불바다로'라면서 으름장을 놓는 것도 영웅의 언어인가? 우리는 누구의 이념으로 전단을 보내고, 그들은 누구의 이념으로 대포를 놓았는가? 영웅의 영혼은 필부의 생각보다 잔인해야 하는가?

참나무가 스산한 바람을 몰고 온다. 수많은 잎사귀들이 햇살을 받아 되비친다. 바람에서 여리고 한 많은 영혼들의 옷자락 스치는 소리가 난다. 바보 같은 우리를 꾸짖는 것인지, 모르는 체 하는 것인지, 초여름 하늘은 서럽게 푸르다. 하얀 노트 위에 비친 나뭇잎의 검은 그림자가 바르르 떤다.

(2011. ≪풀등에 뜬 그림자≫)

가림성加林城 사랑나무

 부여 성흥산 가림성 남문지에는 수령 400년쯤 된 느티나무 한 그루가 우뚝 서 있다. 사람들은 이 느티나무를 사랑나무라고 부른다. 사랑나무는 가까이에서 보나 멀리에서 보나 위에서 보나 아래에서 보나 나름대로 아름다움을 지닌다.
 남문지에서 동문지까지 약 700여 평 정도 되는 평지를 지나 동문지로 가다가 사랑나무를 되돌아보고 깜짝 놀랐다. 이 느티나무가 하트♤ 모양을 하고 있었다. 나무 전체의 모습은 역으로 하트모양이고 오른쪽 맨 아래 가지 모양이 남문과 더불어 바른 하트♡모양을 이루고 있었다. 성흥산은 해발 260m의 낮은 산인데도 사랑나무 주변에 아무것도 거칠 것이 없어서 느티나무만 보인다. 멀리 강경들에는 봄볕에 반짝이는 금강 줄기만이 비단이 되어 '검이불누 화이불치儉而不陋 華而不侈'라 하는 백제의 빛깔로 흐르고 있다. 다만 느티나무 곁에 스승을 닮은 크고 작은 젊은 느티나무 세 그루가 착한 제자처럼 서 있다. 산성 보루로 올라가는 길옆에 잘 생긴 소나무 여남은이 주군을 시위侍衛하듯 모여 공수하고 있다. 그래서 사랑나무라 했구나.

조금 있으려니 젊은이들이 자전거를 끌고 올라왔다. 쌍쌍이는 아니라도 자전거 동호회에서 봄맞이 라이딩riding을 나온 모양이다. 여성회원 웃음소리가 크면 남성회원은 더 큰 목소리로 이야기한다. 쌍쌍이 데이트 코스로 잡은 젊은이들도 두세 쌍 되었다. 손잡고 사진 찍고, 얼굴 맞대고 셀카 찍고, 갖은 포즈를 다 취한다. 사진을 함께 보면서 한동안 행복할 것이다. 사랑나무 밑에 혼자 선 나는 잠시 외로웠다. 그러나 내게는 가림성이라는 사랑이 있으니까 성벽과 사랑을 속삭이면 된다. 성이 옆에 있으니 그와 성생활城生活을 하면 되는 것이다.

외로움도 잠시, 남녀가 노니는 사랑나무를 스마트 폰으로 찍어 딸에게 보냈다. 제발 이렇게 사랑을 만들어 보라는 의미였는데 이 아이는 이미 아이가 아닌지라 "아빠나 젊은이 감성으로 슬쩍 사랑을 만들어 보세요." 파격적인 충고이다. 정말 그래볼까? 딸애의 말을 듣고 이 사랑나무 그림을 보면 감탄할 만한 어느 여인에게 사진을 보내 보았다. 답이 없다. 5분쯤 지나 또 열어 보니 아직 답이 없다. 여성들도 쉰 세대가 되면 감성이 무디어지나 보다고 묻어 두었다. 그렇다면 내가 주책이겠지. 다시는 그런 공허한 짓을 하지 않으리. 이 나이에 젊은

날의 사랑을 추억하기만도 바쁘다. 이토록 오랫동안 사랑 타령을 하는 것을 보니까 역사적인 의미만 생각하고 가림성에 왔다가 사랑나무에 취해 버렸구나.

가림성은 SBS에서 2005년에 방영했던 드라마 〈서동요〉의 촬영지였다고 한다. 드라마에서 선화공주가 서동과 평민으로서 살아갈 마음으로 움막을 친 곳이 이곳이며, 사랑나무는 선화공주와 서동이 사랑을 확인하는 장면의 배경이 되었다. 그 후 젊은이들이 여기서 고백하면 사랑이 이루어진다고 믿는다니, 똑똑한 젊은이들도 속설에 기대어 자신의 사랑을 확정지으려 하는가 보다. 참 복도 많은 나무라는 생각이 든다.

백제부흥군을 섬멸하려는 나당연합군은 부흥군의 주요 거점인 주류성을 치기 전에 가림성을 먼저 치기로 했다. 그런데 당의 장수 유인궤가 가림성은 험하고 견고하여 난공불락이라며 반대했다고 한다. 그의 주장대로 가림성을 피해 주류성을 공격하여 부흥군을 곤경에 빠뜨렸다고 한다.

성벽 높이는 불신의 정도에 비례한다. 불신이 마음의 성곽을 높이 쌓는다. 신라나 당을 믿지 못한 백제가 가림성이란 난공불락의 성곽을 쌓았듯이 세상을 불신하는 사람들이 세상과 담을 쌓고 산다. 불신의 가림성이 오늘날은 사랑을 고백하는 믿음의 성지가 된 것은 참으로 아이러니한 일이다. 가림성 사랑나무의 덕이 아닐까. 이곳에 오면 확신이 가지 않는 사랑도 서로를 받아들이게 된다니 젊은이들이 쌍쌍이 찾을 만하다.

가림성 사랑나무 아래에 서면 성벽 같은 불신이 오히려 따뜻한 인간애로 승화되어 성벽을 넘어서는 견고한 마음의 성을 이루었으면 좋겠다.

남문지로 도로 나와 2011년, 2015년에 발굴 조사한 동벽을 답사했다. 성벽이 흙무더기를 벗고 천오백 년 동안 감추었던 알몸을 내 앞에 드러내고 있었다. 그 모습이 사랑나무보다 더 매혹적이다. 카메라를 들이대고 줄자로 성돌의 크기나 성벽의 높이를 재면서 성벽과 사랑을 나누었다. 행여 흙 한 줌이라도 떨어질까, 쐐기돌 하나라도 훼손될까 나의 애무는 애면글면 조심스러웠다. 노년에 하는 익은 사랑, 참사랑은 바로 가림성 사랑이다. 그때 카톡이 왔다. "이제서 봤어요. 느티나무가 하트 모양이네요. 하트가 두 개나 있어요." 아, 숨어 있는 하트모양까지 찾았구나. 그분의 감성을 믿었던 내가 기특하다. 그러면서도 '나는 이미 가림성과 오르가슴에 이르렀어요.'라는 말은 입속으로만 중얼거렸다.

답사를 마치고 동문지로 올라와서 사랑나무를 돌아보았다. 백제부흥군과 나당연합군의 처절했던 백강전투와 슬픈 부흥백제 운명을 아는지 모르는지, 이제부터는 사랑이라고 깨우치는 건지, 늘어진 가지가 멀리 금강의 물빛을 받으며 여전히 사랑을 만들고 있었다.

(2017. ≪가림성 사랑나무≫)

분꽃 피는 시간

 오후에 마로니에시공원에 나갔다. 분꽃을 보았다. 공원 귀퉁이 시비詩碑 뒤에 숨어서 소담하게 피어났다. 공원을 가꾸려고 계획적으로 심은 것 같지는 않고, 누군가 분꽃을 좋아하는 이가 씨앗을 심었나 보다. 분꽃같이 고운 사람이 가까이에 살고 있다고 생각하니 마음이 따뜻해진다. 분꽃은 붉은 색도 있고 노랑도 피었다. 어느새 노랑과 붉은색을 함께 지니고 있는 꽃송이도 있다. 긴 세모모양 초록색 이파리 사이로 기다란 꽃자루를 내밀고 활짝 피어난 빨간 꽃이 예쁘다. 그 자리를 떠나기 싫다.
 둘째 누나는 내가 열두 살 때까지 함께 살았다. 건넌방에서 수를 놓거나 헌옷을 뜯어놓고 새로운 옷으로 마름질하다가 막내아우를 큰 소리로 부르면 나는 누나에게 뛰어갔다. 보나마나 분꽃이 피었는지 장독대에 가보라는 것이다. 누나는 분꽃이 피면 보리쌀을 안쳤다. 물에 불린 보리쌀을 오지자배기에 담아 소리도 경쾌하게 싹싹 문질러 닦아 가마솥에 삶아낸다. 삶은 보리쌀에 쌀을 조금 섞어 저녁밥을 짓는다. 분꽃이 피면 저녁 보리쌀을 안치는 시간이다.

분꽃은 오후 네 시에 피었다. 지금도 그때처럼 오후 네 시에 핀다. 시계가 넘쳐나 시계가 필요 없는 이 시대에도 분꽃은 그 시간에 피어난다. 서양에서도 분꽃은 오후 네 시에 피는지 영어로 포어클락four-o'clock이라 한다고 들었다. 오후 네 시는 누나의 시간이다. 한국전쟁 때문에 초등학교를 겨우 마치고 공부를 중단한 누나는 종일 건넌방에서 박혀 있다. 그러다가 분꽃이 피기를 기다려 밖으로 나왔다. 그래서 나는 오후 네 시를 누나의 시간으로 여겼다. 전쟁으로 중학교를 가지 못했던 한국의 누나들은 형편이 다 비슷했다.

누나는 보리쌀을 가마솥에 안치고 보릿짚을 살라 불을 때면서 흥얼거렸다. 누나는 왜 보리쌀 안치는 시간이 즐거웠을까. 아니면 답답함을 이겨내려고 즐거운 척하는 것일까. 누나는 저녁밥을 준비하는 시간을 안온을 준비하는 시간으로 생각했나 보다. 오후의 안온을 준비하는 시간 말이다. 스물여섯 누나에게 오후 네 시가 안온을 준비하는 시간이고 분꽃은 평화를 가져다 풀어놓는 시간이었다. 해가 뒷산을 넘어가고 산 그림자가 너른 앞마당에 서늘한 실루엣을 그리며 내려앉으면 들에

나간 가족들이 돌아온다. 마당에 멍석을 펴고 누나의 저녁상이 나오면 가족들의 웃음소리가 밤하늘의 별을 따라 쏟아진다. 분꽃은 가족의 웃음소리를 준비하는 꽃이다. 분꽃은 하늘 가득 별들의 향연을 준비하는 시간에 피어난다.

오후 네 시가 넘으면 장독대에 분꽃이 피었는지 가보라던 누나, 분꽃이 피면 보리쌀 삶아 저녁밥을 안치던 누나, 분꽃이 피면 가족들의 안온을 준비하던 누나는 지금 이 세상에 없다. 스물여섯 겨울에 시집가신 누님은 환갑을 막 넘긴 나이에 분꽃이 사철 피어나는 영원한 안양安養의 세계로 떠나셨다.

마로니에시공원에 분꽃이 피었다. 지금은 안 계신 누님이 그리워지는 시간이다. 누군가 분꽃을 피워 그리우면서도 잊고 사는 누님을 일깨워 주었다. 이제 공원에서 팔순에 가까운 할머니들을 만나면 내 기억의 동산에 누나의 분꽃이 깨어난다. 그분들이 모두 나의 누님 같다. 전쟁이 끝나고 젊은 시절의 고통을 참아낸 누님들이다. 남보다 먼저 가 계신 누님의 세계에도 오후 네 시면 분꽃이 필까? 까만 씨앗 화분두花粉頭에서 발라낸 분가루를 곱게 바른 듯 얼굴 하얗던 누님이 그립다.

(2016. ≪들꽃 들풀에 길을 묻다≫)

덩굴꽃이 자유를 주네
−둥근잎유홍초꽃

　이른 아침 주중리에 갔다. 아침에 이슬이 맑다. 농로를 달리는 자전거 타이어에 이슬 젖은 흙이 묻어난다. 참 곱다. 어느새 벼이삭이 초록빛 잎사귀 사이로 노랗게 고개를 숙였다. 아침에는 이슬이 맑고 시원해도 한낮에는 이마를 벗겨낼 듯 볕이 따갑다. 페달을 서둘러 밟을 필요가 없다. 날마다 바뀌는 가을의 부름에 눈길을 보내느라 서두를 겨를도 없다.

　둥근잎유홍초는 논둑이나 밭둑에 아무렇게나 벋어가기도 하고, 잡초더미나 개바자를 올라타고 진홍색 꽃을 피우기도 한다. 욕심을 부리지 않아 결코 게걸스러워 보이지 않는다. 그런데 이게 웬일인가? 콘크리트 전봇대를 끌어안고 올라가 소담스럽게 꽃을 피웠다. 둥근잎유홍초는 개바자에 피어야 하고 콘크리트 전봇대는 경직되어 있어야 하는 규범을 버렸다. 회색 전봇대는 제가 지닐 규범을 잊어버리고 둥근잎유홍초꽃 진홍색으로 온몸을 휘감았다. 규범도 버리고 관습도 버리고 온통 아름다운 사랑으로 치장한 것이다. 전봇대는 초록과 진홍색을 휘감고 딱딱한 회색으로부터 탈피했다. 아, 그렇구나. 규범과 관습으로부터 탈피하면 자유를 얻는구나. 나는 여기서 작은 깨달음을 얻는다.

이럴 때 나는 나무가 되고 싶어 미쳐버린 한 여자를 찾아낸다. 한강의 소설 ≪채식주의자≫에서 채식주의자가 된 영혜이다. 그녀는 형부가 나신에 그려주는 덩굴꽃 그림을 온몸에 받아들이며 고루한 규범과 관습으로부터 탈피한다. 아니 규범이라는 폭력으로부터 벗어났다. 아예 자신이 덩굴꽃이 되었다고 착각했는지도 모른다. 여자는 브래지어로 가슴을 가려야 한다는 규범, 아내는 사랑도 느낌도 없이 남편의 성적 요구를 무조건 받아들여야 한다는 관습적 책임감, 콘크리트 전봇대처럼 굳어버린 그 이상한 관습으로부터 벗어나고 싶었다. 사람은 사람이 아닌 다른 동물을 먹어도 된다는 관습, 다른 종의 동물도 나와 같은 생명을 지닌 '남'이라고 생각할 줄 모르는 폭력, 남을 고기라 생각하고 먹어야 한다는 관습적 폭력으로부터 벗어나고 싶었다. 아버지는, 남편은, 오빠는, 딸을, 아내를, 여동생을 때려도 된다는 폭력, 강자는 약자를 때리고 밟아도 된다는 폭력적 사고로부터 벗어나고 싶었다. 사람들은 다 영혜를 미쳤다고 생각했다. 아버지도, 남편도, 언니도 그렇게 생각했다. 나는 어느덧 영혜의 편이 되어 있어 답답했다.

　영혜의 행동을 보며 나는 문득 광주가 생각났다. ≪채식주의자≫를 읽으며 80년대 서른 셋 젊은 나이에 읽었던 황석영의 ≪죽음을 넘어 시대의 어둠을 넘어≫가 떠올랐다. 일금 4천원짜리 광주민중항쟁 기록인 이 책을 읽고 석 달 가량 채식주의자가 될 수밖에 없었던 기억 말이다. 군화에 허옇게 묻어난 사람의 골, 대검으로 잘라낸 열아홉 여고생의 가슴, 술에 취한 권력의 무한한 폭력은 바로 한강의 소설 ≪소년이 온다≫가 받아들였다. 관습과 규범이 타락하면 바로 악법이 된다. 악법은 폭력을 부른다. 이것이 문명이라는 옷으로 치장한 관습과 폭력으로부터 벗어나야 하는 정당한 이유이다.

　덩굴식물은 대개 남을 감고 기어오른다. 그래서 결국 남을 잡아먹고 만다. 늘 지탄만 받아오던 외래식물인 가시박이 올여름엔 더 심하게 횡포를 부렸다. 지탄받아 싸다. 미호천 방천에 이들이들하던 버드나무를 휘감고 올라가 결국은 말려 죽였다. 가시박은 우선 나무 밑동에서부터 조금씩 타고 올라가 한 가지씩 잡아먹다가 유월쯤이면 나무 전체를 뒤덮어 고사시킨다. 버드나무만 그런 게 아니다. 주중리 개천 둑에 있는 대추나무를 비롯한 나무란 나무는 모두 가시박의 폭력에 짓밟혔다. 가시박은 부당한 관습에 얽매인 영혜의 아버지 같은, 남편 같은, 오빠 같은 존재이다. 가시박은 광주의 뭉툭한 군홧발이다. 사람들은 가시박이나 칡덩굴이나 다래덩굴이나 으레 다 그러려니 한다. 그것이 섭리려니 한다. 그렇게 폭력도 당연한 관습이 되어버렸다.

둥근잎유홍초는 때로 길가의 작은 나무를 타고 올라가기는 하지만 다른 덩굴식물처럼 말려 죽이지는 않는다. 덩굴꽃의 관습을 벗은 착한 아이는 밭둑을 슬슬 기어 다니거나 개바자로 올라가 진홍색으로 예쁜 꽃을 피운다. 동그란 잎도 크지 않아 볕을 가리지 않는다. 그래서 사랑을 받는다. 사랑을 가진 사람이 사랑을 받듯 그렇게 사랑을 받는다.

관습과 규범으로부터 탈피하면 아름다운 사랑을 가질 수 있을까? 영혜는 남편의 관습적인 요구를 거부하였다. 느낌도 없이 행위만 있는 일방적 관습을 거부한 것이다. 그것은 고기를 먹으라고 강요하는 아버지의 폭력을 거부하는 것과 같은 맥락이다. 남편과 아버지의 폭력을 거부하고자 하는 영혜의 신념은 고기를 먹는 폭력을 거부하는 것으로 행동화한다. 고기를 먹는 관습, 사랑도 없이 성을 받아들이는 관습, 아버지의 명을 무조건 받아들이는 관습, 이미 규범이 되어버린 관습으로부터 탈피하는 것이 자유를 얻는 지름길임을 알았다.

영혜는 규범과 관습을 탈피하여 얻어낸 원시적 자유를 아주 쉽게 행동으로 옮긴다. 바로 형부와 성을 행동화한다. 형부가 발가벗은 몸에 덩굴꽃을 그려주자 자신이 폭력을 모르는 식물이 된 것으로 착각했다. 식물이 되었으니 규범이 필요 없다고 생각했을까. 어쩌면 자신의 소망이고 형부의 소망이었는지도 모른다. 어쩌면 사람이란 동물이 규범 속에 감추고 있는 솔직한 본능이었을 것이다. 우리는 관습의 저고리와 규범의 두루마기 속에 얼마나 많은 본능을 억누르고 살았는지도 모른다. 영혜와 형부처럼 원시적 행동이 소망이었는지도 모른다. 그런 꿈은 아예 갖지 않은 체하고 살았는지도 모른다. 나신에 덩굴꽃을 휘감고 형부와 정을 통한 영혜는 만족감을 느낀다. 그것은 성적 쾌감이라기보다 원시로 돌아간 자유에서 오는 쾌감이었을 것이다.

자유를 깨달은 영혜는 인제는 아예 나무가 되고 싶어진다. 광합성으로 사는 것이 온전한 자유의 실현이라는 신념을 갖는다. 그래서 나무가 될 궁리를 한다. 웃옷을 벗고 가슴을 드러낸 채 볕을 쬐기도 하고, 태양을 향해 팔을 벌려 햇볕을 받는다. 발밑에서 뿌리가 나올 것이라 자랑한다. 채식주의자는 다만 채식으로 자신의 꿈을 끝낸 것은 아니었다. 문명이라는 허울을 쓴 사람들은 영혜가 획득한 영원한 사랑과 자유를 미쳐버린 것으로 착각한다.

둥근잎유홍초에게 그림처럼 휘감긴 딱딱한 전봇대는 얼마나 황홀할까? 규범의 옷을 벗어버린 본능의 자유를 마음껏 누릴 것이다. 나도 때로는 머리가 내리는 명령을 거부하고 가슴이나 몸이 원하는 대로 살고 싶을 때가 있다. 이 말은 진정 솔직한 고백이다. 그러나 나는 지금도 그 명령을 거역할 용기가 없다. 그런 내 자신이 치졸하게 느껴질 때마다 영혜의 용기가 부럽다. 형부의 탈선이 대견하다. 오늘 아침에는 콘크리트 전봇대를 칭칭 감고 올라간 덩굴꽃이 부럽다. 그렇게 경직을 깨어버린 용기가 부럽다. 규범도 관습도 없는 영원한 사랑을 말하고 있는 둥근잎유홍초꽃의 진홍색 입술이 부럽다.

(2016. ≪들꽃 들풀에 길을 묻다≫)

4부

독버섯
수몰지구 미소아줌마
쇠비름처럼
껍질 벗는 대나무
조화의 맛
원시의 향
산초나무꽃을 보니
벼꽃, 밥꽃 하나 피었네
하늘말라리의 하늘
칠보산 함박꽃

독버섯

 등마루에 올라섰다. 골바람이 제법 삽상하다. 바람에 가을 냄새가 묻었다. 길은 충분히 젖어 있다. 하늘이나 사람들이나 다 지겨워하는 비가 아침에 반짝 그쳤다. 등마루에서 보이는 비탈에는 지난가을 활엽수나 소나무가 벗어놓은 낙엽이나 솔가리가 수북하다. 가을 풀꽃이 예쁘다. 싸리꽃이나 으아리꽃도 예쁘고, 때를 놓쳐 늦게 피어난 원추리도 청초하다. 노란 마타리꽃이 파란 하늘을 배경으로 키 재기를 한다.
 미동산에는 우거진 녹음 사이로 보이는 하늘이 가을빛으로 파랗게 물들이기를 시작했다. 하얀 명주실구름이 흩어져 더 파랗게 보인다. 하늘이나 수목원이나 세상은 철마다 이렇게 곱디고운 색으로 물들이기를 한다. 가을이면 우리도 한 가지 삶의 색깔을 더하듯이…….

빗물을 흠씬 먹어 일렁일렁하는 나무 의자에 앉았다. 등마루에서 남쪽 비탈에 젖은 낙엽을 비집고 하얀 생명이 솟아올랐다. 버섯이다. 쌓여있는 낙엽 위로 잡풀 한 촉 나오지 못했는데 어떻게 솟아났을까? 순간 나는 신비스런 생명력에 가슴이 뭉클했다. 버섯의 행렬은 끝간 데가 없다. 하얀 무명 헝겊을 늘어놓은 것 같다. 두루마리 화장지를 풀쳐 놓은 것 같다. 두세 송이가 무더기를 만들며 한 줄로 늘어섰다. 마치 피난 행렬 같기도 하고, 하얀 제복을 입은 해군 장교들의 행군 같기도 하다.

티끌 하나 묻히지 않아 하얗고 깨끗한 버섯의 행렬, 그러나 그것은 독버섯이었다. 가만히 들여다보고 그것이 독버섯이라는 결론을 내리자 신비스럽던 감정이 사그라지고 지독하게 창궐하는 독에 치가 떨렸다. 독은 이렇게 희고 순결한 외양을 갖고 있다. 자연은 아름다운 것만 보내주는 것은 아니었다. 성폭행, 묻지 마 살인, 정치인들의 비리와 표리부동한 행태, 정치인을 닮아가는 문단 등 최근에 우리 사회에 연달아 일어나고 있는 독버섯 같은 사건들이 생각나서 소름이 돋았다. 독은 이렇게 희고 순결한 모습으로 사람을 유혹하고 있는 것이다. 무서운 독일수록 외양은 더욱 순결한 모습으로 남을 기만한다. 또 지하에 뿌리를 두고 맹렬한 생명력으로 여기저기 뻗어간다.

그 생명력에 현혹되었던 나는 눈곱만큼의 미련도 없이 자리에서 일어섰다. 등마루 보드라운 길을 걸으며 독버섯의 무서운 행렬이 자꾸 덤비는 것 같아서 몸을 움츠렸다. 그런데 이름도 모를 똑같은 독버섯은 열을 지어 여기저기에서 시도 때도 없이 나에게 달려든다. 아니, 나에게 덤비는 것이 아니라 온 산에 하얀 독의 행렬이 여기저기에서 마루로 향하고 있었다.

　독은 왜 그렇게 지독할까? 그런데 갑자기 인간은 버섯에게 독이 된 적이 없을까 하는 무서운 생각이 났다. 우리는 다른 생명들에게 독이 되지 않을까? 다른 사람에게 독이 되지 않을까? 생각이 여기에 이르자 더 무서운 생각이 들었다. 나는 남에게 독이 아닐까? 내가 뱉어내는 말은 남에게 독버섯이 되지 않을까? 내가 하는 생각은 나에게 독버섯이 아닐까? 내 안에는 독버섯 같은 사고가 행렬을 지어 나를 향하여 치닫고 있는 건 아닐까?

　아, 나도 남에게 독버섯이 되는 때가 있겠구나. 나의 생각, 말, 일거수일투족이 남에게, 나 자신에게 독버섯이 되고 있을지도 모른다. 나의 문학이 독이 되어 스멀스멀 남의 사상을 좀먹고 있을지도 모르는 일이다. 나의 사상이 독버섯이 되어 나의 내면을 파고들고 있는지도 모를 일이다. 아 그렇구나. 나도 독이 될 수 있구나. 내가 남의 독이고 내가 나의 독이구나. 우리는 모두 누군가에게 다른 생명에게 독이 될 수도 있구나.

　산에서 내려왔을 때 문득 독버섯을 독이라고 자신 있게 말할 용기가 잦아들었다.

(2012. 《풀등에 뜬 그림자》)

수몰지구 미소아줌마

 마당에 차를 세웠다. 낡은 무쏘의 엔진 소리에 부인이 뛰어 나온다. 얼굴에 미소가 가득하다. 나는 내 차를 알아보고 미소를 짓는다고 생각했다. 그러나 이 마당에 차를 세우는 누구에게나 다 미소를 보낼 것이다. 그런 아줌마를 나는 미소아줌마라고 이름 지었다. 미소부인이라고 했다가 그분의 삶이 아줌마가 더 나을 것 같아 미소아줌마라고 하기로 했다. 그분의 미소에서는 참취를 꺾었을 때나 맡을 수 있는 향이 풍긴다. 시월에 피는 참취의 하얀 꽃처럼 청초하다.
 미소아줌마는 무슨 일로 항상 얼굴에 미소를 담고 살까? 생활이 즐거운 것이다. 자연이 웃으니 따라 웃는 것이다. 아니 웃으며 사니 자연이 환하게 열리는 것이다. 모두가 좌절하고 시름에 잠긴 이 수몰지구에서 웃음을 담고 살 만큼 즐거운 일이 무엇일까? 남들은 도회지에 나가 아파트에 살면서 얼굴에 분바르고 백화점에서 쇼핑하고 사는데 두메를 벗어나지 못한 얼굴에 가득한 미소의 연유가 정말 궁금하다.

미소아줌마는 마당가에 앉아 산에서 갓 뜯어온 참취를 다듬기 시작한다. 마당가와 텃밭에 많던 두릅나무를 다 베었다. 수조에 쏘가리 두어 마리, 붕어 서너 마리가 놀고 있다. 너른 텃밭에는 건물을 지으려는지 시멘트콘크리트를 하여 기초 공사를 해 놓았다. 이야깃거리가 참 많다.

"두릅나무를 다 잘랐네요."

나는 이야기를 두릅나무로부터 시작했다. 요즘 미소아줌마의 밥상에는 두릅장아찌가 오르기 시작했다. 새곰하고 달콤한 그 맛이 일품이었다.

"잘라 주어야 내년 봄에 돋는 나물이 연하고 맛있어요. 소담하기도 하고요."

참취를 다듬으며 나를 돌아본다. 얼굴에 미소가 가득하다. 소쿠리에 취나물도 가득하다. 미소 가득한 얼굴은 나이를 잊었는지 주름도 없다.

지금은 유적비만 남은 용흥국민학교 얘기를 꺼냈다. 미소아줌마는 바로 용흥학교 앞에 살았다면서 남편인 이장 최씨와 결혼한 얘기를 꺼냈다.

"28년 전 결혼할 때는 거기 살았어요. 벌말요. 바로 용흥학교 옆이었어요. 남들은 다 보상 받아서 시내로 나가 슈퍼마켓을 차리고 아파트를 살 계획을 세우는데, 우리 신랑은 남의 논밭을 부쳐 먹었으니 보상 한 푼이 있을 리가 없지요. 무슨 대책을 세울 수가 없었어요."

　당시에 벌말에서 바라보면 말할 수 없는 산골이었던 이곳 숯고개 아래 숯마을에 보금자리를 꾸몄다. 수몰지역이면서 수몰되지 않은 땅에 이주민이 버리고 간 둔치를 일구어 밭을 만들고 논을 만들었다. 이주 첫해, 우리 민족이 모두 반만년 가난에서 벗어난 1980년대 그 풍요가 시작되던 시대에 미소아줌마 부부는 끼니를 걸렀다. 그해 부지런한 남편은 굶어가면서 버림받은 땅을 일궈 쌀 30가마를 수확했다. 그래서 끼니 걱정에서 해방되었다. 그의 생명 투쟁이 해결을 본 것이다. 그런데 흥부네 집 같은 은신처에는 쌀 30가마를 들여 놓을 곳이 없었다며 미소아줌마는 두릅순같이 포동포동한 볼우물을 보이며 웃었다. 그러나 눈가에는 눈물이 아직도 마르지 않았다.

　그때부터 남편은 내수면 어업 허가를 받아 물고기를 잡고, 아낙은 산나물을 채취하여 가용을 마련했다. 버린 땅을 일궈 서리태를 심고, 겨울에는 칡을 캐어 즙을 내어 팔았다. 그렇게 부모를 모시고 자식을 대학에 보냈다. 부부의 억척은 숯마을에 양옥을 짓고 승용차를 사고 농기계를 마련했다.

　"산야에 돈이 널려 있는 걸요. 도시로 간 친구들이 눈물 나게 부러웠는데 이제는 그 사람들이 우리를 부러워해요."

　미소아줌마는 이야기를 하면서도 손은 재게 움직이더니 어느새 소쿠리에 가득한 취나물을 다 다듬었다. 마당에 참취 향이 가득하다. 향기는 그의 손에서도 얼굴에서도 볼우물에서도 그의 아릿한 미소에서도 피어나는 듯하다. 그래서 향기는 향기일 뿐 아니라 나의 코끝을 아릿하게 한다.

미소아줌마는 남편이 건져오는 붕어를 그냥 팔지 않았다. 붕어찜 요리법을 연구했다. 비법이 있다고 하는데 내가 알 바가 아니다. 아무튼 그의 붕어찜 솜씨는 일품이다. 맛을 아는 이들의 입소문으로 알려져 물량이 달릴 정도였다.

"요새는 붕어도 잘 안 잡혀요. 고백하는데요. 붕어찜 찾는 사람은 많고 붕어는 잡히지 않아 외지 붕어를 들여와 봤어요. 그래서 조리를 해서 팔았는데 가슴이 떨려서 정말 못하겠어요. 아마 선생님 같으면 맛을 바로 알았을 거예요. 물론 손님들은 모르시지요. 그래도 다시는 못하겠어요."

얼굴 붉히는 미소아줌마의 고백이 오히려 귀엽다. 물을 더럽히지 않고 고기 잡는 법, 산을 훼손하지 않고 칡을 캐는 법을 연구하는 남편, 한 뼘이 넘는데도 너무 작다고 잡은 붕어를 도로 놓아 주는 남편이 존경스럽다고 한다. 군청에서 농촌에 지원하는 영농자금을 결과를 확신할 수 없다고 받지 않는 남편이 좀 갑갑하기도 하다면서 또 볼우물에 미소가 가득하다. 그래 맞아, 다른 사람 같으면 일단 받아 놓고 볼 텐데.

텃밭에 기초 공사는 왜 했는지 아까부터 궁금하다.

"콩이나 고추를 그냥 내느니 된장 고추장을 담가서 알음알음 팔았는데, 다들 맛이 좋다고 하네요. 이제는 나물 장아찌 공장을 해보려고요. 그래서 맛맛으로 담가서 장을 갖다 먹는 분들에게 조금씩 드려 보았는데 다들 해보라네요."

붕어찜을 먹으러 왔을 때 특별히 내게만 준다는 깻잎장아찌와 무장아찌 외에도 참취장아찌, 두릅장아찌, 참죽나무순장아찌, 엄나무순장아찌의 맛이 일품이었던 생각이 났다. '그럼 인터넷으로 주문을 받으세요.' 이렇게 말해 놓고 나는 바로 후회했다. 그건 때 묻은 내 사고의 산물이었다. 미소아줌마는 펄쩍 뛴다.

"대량으로 주문이 들어오고 돈맛을 알면 거짓말을 하게 돼요. 취를 재배하면 그건 자연으로 입맛을 사는 것이 아니라 돈을 목적으로 하는 것이지요."

"먹거리를 팔면서 사람들의 입맛을 바로 잡아 줘야 되잖아요. 저는 도시 여자들이 도대체 장맛을 모르는 게 한심해요. 전통 음식의 참맛을 알려주고 싶어요. 그냥 아는 분들에게나 조금씩 드리는 거지요. 돈 벌려면 도회지에 나가 식당을 하는 게 낫지요."

재배한 산나물을 쓰지 않는 여인, 죽은 붕어도, 외지붕어도 쓰지 않는 여인, 우리 민족의 방황하는 입맛을 참맛으로 잡아주고 싶은 여인, 돈이 아니라 맛을 지키는 것이 더 소중한 여인, 나는 그녀가 미소를 잃지 않는 이유를 깨달았다. 그녀의 미소에는 산나물 같은 향기가 배어 있는 까닭을 알았다.

도회인의 목마름을 해결하기 위해서, 도시의 어둠을 밝히기 위해서, 도회인의 환락을 위하여, 대대로 살아온 고향땅을 헌납해야 했던 수몰민의 미소가 나를 부끄럽게 한다. 정치는 이렇게 순종밖에 모르는 우리의 핏줄에게 무엇으로 보상해 주었는가? 나는 선생을 하면서 이들의 자식에게 무엇을 가르쳤나? 아니 가르칠 것이나 있었나?

　이곳이 좋다. 최씨는 요즘도 자신이 나고 자란 벌말 옛터에 그물을 놓는다. 그가 건지려는 것은 붕어가 아니라 아련한 추억이고 착하게 살던 삶의 여적일 것이다. 부부는 진실이 돈이 되고 착하게 흘린 땀이 고스란히 돈이 되는 세상을 이 땅에 세우고 싶은 것이다. 아니, 그런 소망까지는 아예 바라지 않을는지도 모른다. 생명을 사랑하면서 자연에 얹혀살아야 제대로 사는 것이라는 부부의 철학이 호수에 비친 노을처럼 아름답다.

　나는 이곳이 정말 좋다. 욕심 없이 살아가는 나무나 풀들이 영혼을 헹구어 주는 이곳이 좋다. 벌말 수면 위에 비친 황홀한 노을 위에 어둠이 내리는 것을 뒤로 하고 쓸데없이 밝아오기 시작하는 환락의 도회로 차를 돌렸다.

(2011. ≪풀등에 뜬 그림자≫)

쇠비름처럼

쇠비름처럼 살아볼 일이다.
오늘은 어떤 꽃이 보일까. 어떤 들풀이 나를 부를까. 주중리 농로는 대부분 시멘트로 포장되어 있다. 단단한 콘크리트 밑에 뭔가 생명들이 깔려 숨을 몰아쉬고 있지는 않을까. 굼벵이도 잠을 잘 테고 지렁이도 꼼지락거리고 있을 것이다. 물론 풀씨도 그 밑에서 옅은 숨을 몰아쉬고 있을지도 모른다. 콘크리트 농로는 사람들에게만 편리할 뿐 다른 생명들의 숨통을 졸라대는 폭력이다. 간악한 인간의 두뇌가 창안해낸 폭력이다. 인간은 식물의 줄기나 뿌리나 씨앗을 먹고 자신의 생명은 유지하면서도 알게 모르게 남의 명줄은 조르고 있는 셈이다.
농로 시멘트 바닥에는 여기저기 죽은 풀이 나뒹군다. 바랭이도 있고 쇠비름도 있다. 사람들이 뽑아 죽음의 땅에 내던진 것이다. 논에서 뽑아 던진 피도 있다. 피는 논흙덩이를 안고 나와서 시멘트 바닥에 흩어놓는다. 자전거 가는 길을 방해는 하지만 콘크리트에서라도 뿌리를 벋고 살아야 하는 들풀에게는 생명줄을 기댈 커다란 언덕이 된다. 그 한 줌의 흙이 명줄을 이어가는 '서릿발 칼날진 그 위'라는 위기의 절정이 된다.

길바닥에 던져지는 들풀 중에 가장 참혹한 것은 쇠비름이다. 쇠비름은 주로 채소밭을 벌겋게 차지하고 뻗어간다. 제 가족을 모두 거느리고 배추나 다른 남새에게 주어진 땅을 대신 차지하고 영역을 확대해 나간다. 다른 풀들은 어린 싹을 호미로 득득 긁어 놓으면 그냥 그 자리에서 숨을 거두는데 쇠비름은 그냥 쓰러져 비들비들 말라가는 척하다가 이슬이라도 한 방울 목을 축이면 잔뿌리 끄트머리로 모래알 한 알을 붙잡고 목숨을 부지하면서 살아날 기회를 엿본다. 그걸 아는 농부는 쇠비름을 뽑아 뿌리를 하늘로 향하게 뒤집어 놓는다. 얼마나 원수 같으면 흙을 탈탈 털어서 홀랑 뒤집어 놓을까. 쇠비름은 뙤약볕 아래서 붉은 잎줄기가 가뭄에 말라죽는 지렁이처럼 까맣게 말라 명줄이 끊어질 위기에서도 살아날 기회를 노린다. 그러다가 여우비라도 한 차례 지나가면 다시 살아난다. 이미 죽어 썩어버린 다른 들풀더미 위에서 끈질기게 뿌리를 뻗어서 죽은 줄기를 뒤집고 이파리를 파랗게 살려낸다.

그것뿐만이 아니다. 시멘트 바닥 갈라진 틈을 비집고 올라와 머리를 들고 일어나 나온다. 처음에 이파리 두 쪽이 기어

나와서는 점점 자라서 회색 죽음의 세계를 벌건 열정의 힘으로 뻗어 나간다. 삶의 환경이 험하면 더 빨리 꽃을 피운다. 생명력 넘치는 붉은 줄기 두툼한 초록색 이파리들 사이에서 노란 꽃이 피어난다. 꽃이 지고 나면 씨앗주머니에서 까만 씨앗이 터져 나와 제 자손을 퍼트린다. 쇠비름에게 혹독한 환경은 그냥 더 단단하게 살리려는 신의 시험이고 은총이다.

이 가뭄 폭염에 참 모질기도 하다. 그도 그럴만하다. 마른 밭둑에도 습기 많은 논둑에도 아니면 바짝 마른 길바닥에도 쇠비름이 붉은 줄기를 유혈목이처럼 벋어가고 있다. 그런데 주변엔 풀이 다 죽었다. 일손 달리는 어느 농부가 제초제를 뿌린 것이다. 그런데 쇠비름은 제초제를 영양제로 착각했는지 오히려 이들이들하게 퍼진다. 맷방석만 하다. 시멘트 포장도로 위에도 유혈목이 모가지를 내밀었다.

쇠비름도 이렇게 모질게 살아남아야 하는 그 까닭이 있을 것이다. 어쩌면 자기에게 주어진 하늘의 명령을 깨닫고 있었는지도 모른다. 옛날부터 쇠비름의 모진 생명력이 인명을 살려 냈다고 한다. 하얀 뿌리, 붉은 줄기, 녹색의 잎, 노란 꽃, 검정색의 씨앗으로 오묘하게 오색을 갖추고 갖가지 영양소와 약효를 지니고 있다고 한다. 그래서 만병에 유용하여 때로 다 죽게 된 사람도 살려낼 수 있다고 들었다. 쇠비름, 모질고 질기고 독하다고 탓하지 말자. 그놈에겐 그렇게 살 수밖에 없는 사정이 있었을 것이다.

나도 한때 문학을 포기하려 한 적이 있었다. 나를 등단시켜 준 모지母誌에서조차 내 글을 실어주지 않았을 때가 있었다. 이게 뭔가. 이게 문단이라는 곳인가. 등단 초기를 넘어 첫 수필집 ≪축 읽는 아이≫를 낼 때까지 시멘트콘크리트 아래에 깔려 있는 쇠비름이었다, 정말로 '한 발 재껴 디딜 곳'조차 없는 문단에서 내려오고 싶었다. 생각하면 지금도 부끄러운 ≪축 읽는 아이≫가 태어났을 때쯤 자비로운 문우의 소개로 수필 전문지로부터 청탁을 받았다. 가문 유월의 저녁에 내린 한 방울 이슬이었다. 나는 〈이제는 그의 꽃이 되고 싶다〉를 보냈다. 한 방울의 이슬도 놓치지 않으려고 백 번도 더 살피고 고쳐 썼다. 그에게로 가서 꽃이 되라는 뜻인지 다른 계간지에서 바로 청탁서를 보내왔다. 나도 발을 디딜 땅이 있구나. 내가 서 있는 곳은 '서릿발 칼날진 그 위'만은 아니구나. 나는 불가마에서 나를 다시 구워내는 마음으로 〈불의 예술〉을 보냈다. 〈불의 예술〉은 여기저기 불똥을 튀기고 다녔다. 청탁이 줄을 이었다. 그러나 새롭게 유약으로 나를 포장하지는 않았다. 연줄이 없는 문단은 내게 시멘트 바닥을 뚫고 올라오는 것보다 더 모질었다. 쇠비름은 도깨비바늘과는 다르다. 저를 뽑아내는 인간의 바지에 붙어 부접 좋은 땅으로 옮겨가는 변칙을 쓰지는 않는다. 머리가 두 쪽이 나도록 콘크리트 바닥을 깨고 나온다. 혹독한 문단이 나를 쇠비름으로 만들었다.

우리는 쇠비름처럼 살아볼 일이다. 혹독한 환경은 신이 내린 시험일뿐이다. 신의 시험은 풀어내야하는 삶의 문제이지 주저앉으라는 핍박은 아니다. 대지는 어느 생명에게나 공평하게 은총을 내린다. 척박한 땅을 주면 끈질긴 생명력도 준다. 대지의 가르침대로 노란 꽃을 피우고 씨오쟁이를 터트려 새끼들을 키워갈 일이다. 나를 닮은 새끼들이 뿌리를 내리고 노란 꽃을 피울 날을 기다릴 일이다. 다 디디고 일어서면 누가 나를 뽑아 시멘트 바닥에 던질 수 있을 것인가. 아니 내던져 버림받아 명줄이 끊어진다 하더라도 '쇠비름'이란 이름이 사라질 일은 없을 것이다.

쇠비름처럼 모질게 살아볼 일이다. 쇠비름이 대지에서 모성을 받았다면 내 문학의 어머니는 문단이다. 나는 아직 미생未生이다. 그래도 쇠비름에게 배운 정석定石으로 살아볼 일이다. 누구에게든 영양이 되고 영약靈藥이 되게 살아볼 일이다.

(2018. ≪들꽃 들풀에 길을 묻다≫)

껍질 벗는 대나무

담양 죽녹원에는 대나무들이 껍질 벗기를 하고 있었다. 껍질 벗기를 끝낸 대나무들이 서슬이 퍼렇게 죽의 장막을 치고 있었다. 하늘로 치솟는 대나무 숲에서 남이 보거나 말거나 껍질을 훌훌 벗어던지고 있는 것이다.

여기저기에서 껍질 벗는 대나무들은 제각기 껍질 벗는 과정을 보이려고 스스로 연출하는 것처럼 보였다. 이를테면 석류껍질이 터지듯 이제 막 껍질에 균열이 생기기 시작하는 놈도 있고, 균열 생긴 껍질이 벌어지면서 분가루가 하얗게 묻어나는 초록의 몸뚱이를 드러내기 시작하는 놈도 있고, 초록의 몸뚱이가 윤기를 내면서 퇴색된 껍질은 도르르 말려 땅으로 떨어지는 놈도 있고, 도르르 말린 껍질이 다 떨어져 버리고 언제 그런 낡은 옷을 걸쳤었는지 다 잊어버린 채 누더기 하나로 치부를 가리고 있는 놈도 있었다. 누더기조차 다 벗어버린 대나무는 제게 껍질이란 없었다는 듯 큰아기처럼 탐스러운 종아리를 드러내고 초록을 받으려 하늘로 뻗어가고 있었다. 껍질 벗는 진통을 끝내고 이제 끝없는 성장만 남은 미래가 다 보이는 것처럼 그렇게 또래들과 죽의 장막을 치고 있는 것이다.

나는 껍질 벗는 대나무를 발견하고 그제야 죽순을 찾기 시작했다. 왕겨 속에서 피라미드처럼 암갈색으로 돋아 오르는 맹종죽孟宗竹이다. 이것이 맹종의 효심에 감동하여 돋아났다는 그 죽순이다. 죽순은 암갈색 비늘에 겹겹이 둘러 싸여 도대체 속을 알 수가 없다. 그런데 그런 피라미드 모양의 작은 죽순 옆에 키가 훌쩍 자란 죽순이 하나 더 있었다. 아니 주변에는 온통 죽순 천지이다. 그야말로 우후죽순이다. 아주 작은 것부터 이제 막 껍질에 균열이 시작되는 것까지 순서대로 줄을 서 있었다. 마치 대나무 껍질 벗기가 죽순으로부터 20m나 하늘로 치솟은 대나무가 되는 과정으로 생각해도 될 것처럼 말이다. 짐작할 수도 없는 그녀의 속내도 성숙하여 단단해지면 껍질을 벗을 수밖에 없는 모양이다. 아니 옷을 벗는 것이다. 옷을 벗고 윤기 흐르는 속내를 드러내는 것이다. 옷을 벗는 순간 그녀는 모든 가능성을 내포한 성인이 된다.

죽순은 그냥 껍질을 벗는 것은 아니다. 속이 단단해져야 껍질을 벗는다. 눈 속에서 돋아난 맹종죽도 결국은 맹종의 효성에 감동한 죽순이 속이 차서 몸을 드러낸 것이 아닌가. 속이 차야 알몸을 드러낸다. 내공이 쌓여야 스스로 정한 규범이든 세상이 얽어매어 놓은 규범이든 잊어버리게 된다. 그냥 자신이 규범이 되는 것이다. 규범의 껍질, 규범의 옷으로부터 벗어나면 바로 온전한 어른이 된다.

죽순은 암갈색 껍질을 벗으면서 대나무가 되듯 사람은 규범의 옷을 초월하면서 어른이 되고 성인이 된다. 죽순은 속이 단단하고 굵어진 다음에 아랫도리까지 다 벗어던져야 속살을 드러내도 부끄럽지 않은 큰 대나무가 된다. 오히려 만질만질한 종아리가 떳떳하게 생각될 것이다. 대나무는 속이 굵고 단단해져야 옷을 벗는다. 사람도 속이 차고 튼실해진 후에 껍질을 벗어야 남이 손가락질하지 않는다. 남이 나를 손가락질할 때 화를 내기 전에 굵지도 만질만질하지도 않은 알몸을 드러내는데 서두르지나 않았는지 살펴볼 일이다.

허참, 가만히 들여다보면 세상 만물이 다 나의 스승이다.

(2016. ≪들꽃 들풀에 길을 묻다≫)

조화의 맛

 오늘 같이 눈이 내리고 추워지면 대청호 붕어찜이 그리워진다. 고춧가루로 붉게 화장한 월척들이 냄비 안에서 눈을 감고 고요히 명상에 잠겨 있는 모습이 눈에 아른거려 견딜 수 없다. 어제부터 내리는 눈은 그치지 않는다. 아파트 마당이 온통 빙판이다. 그래도 우리는 출발했다. 출발에 앞서 눈길 걱정은 하면서도 그만두는 게 어떠냐고 딴죽을 거는 사람은 아무도 없었다. 우리는 이름 그대로 '백만사(백두산에서 만난 사람들)'가 아닌가? 백두산 천지를 종주한 패기로 붕어찜을 향한 빙판길 삼십 리에 미끄럼 타기를 시작했다. 아내들은 소녀같이 간드러지는 웃음으로 자신의 사내들에게 신뢰를 보낸다.
 함께 가는 사람 가운데 누군가 조화로운 만남은 조화로운 행복을 창조한다고 의미 깊은 말을 했다. 네 쌍의 부부로 이루어진 우리 '백만사'는 조화로운 만남의 본보기이다. 구수한 진국을 내는 시래기나 시원한 맛을 내는 무 같은 이도 있고, 조용히 모임의 방향을 챙겨가는 양념장 같은 등산대장도 있고, 좀 시끄럽기는 하지만 즐겁고 행복한 분위기를 사위지 않게 인도하는 안내역도 있고, 무뚝뚝하지만 가끔 헛소리로 '반짝' 별을 보여주는 굼벵이도 있다. 또 아내들은 하나 같이 맛깔스러운 양념이다. 예쁨 없는 사내들의 허튼 소리에도 감동해 줄 줄 알고, 깔깔 웃어 단맛을 낼 줄도 안다. 사내들의 얼굴에 숨어 있는 행복이나 우울을 우려내서 묵은장 같은 고고한 분위기로 이끌어 갈 줄도 안다. 이렇게 우리는 하나같이 결과 올이 되어 한올 한올 조화의 꽃자리를 엮어간다. 마치 붕어찜의 재료들이 적절하게 간을 맞추고 조화를 이루어 그윽한 행복의 맛이 되듯이 조화로운 행복을 창조한다.

현관에 들어서자 따뜻한 방안 공기가 구수한 냄새를 안경에 '확' 끼얹는다. 흐려진 안경을 벗었다. 눈 쌓인 산과 간간이 눈발이 흩날리는 호수를 바라볼 수 있는 창가에서 붕어찜이 바글바글 끓어난다. 어느 숲 속의 비밀한 향연처럼 냄새가 은은하다. 몽롱한 환상에 잠긴다. 형언할 수 없는 냄새 때문에 입가에 흐르는 침을 닦으며 재킷을 벗었다. 자리에 앉자 창밖은 어느새 함박눈으로 바뀌었다. 하얗게 내려앉은 하늘에 까만 나비가 가득하다. 하얀 드레스를 입은 작은 선녀들이 춤을 추며 내려오는 듯하다.

붕어찜 맛을 제대로 보려면 찬바람이 나야 한다. 오늘처럼 샘봉산에 눈이 쌓이고 구룡산 골짜기 사이사이에 굽이굽이 도는 길에도 언뜻언뜻 얼음이 박혀야 한다. 대청호수가 얼어붙어야 한다. 대청호 얼음을 깨고 건진 붕어를 샘봉산 아래 고랭지에서 기른 무시래기와 토막낸 무를 밑에 깔고 그 마을에서 농사지은 고추, 파, 마늘로 양념을 해야 한다. 그래야 제 맛이 난다. 대청호 붕어는 제가 자란 물가의 채소와 조화를 이루기 때문이다. 한 마디로 날씨, 양념, 식재료의 생태, 음식 솜씨가 조화를 이루어야 한다. 거기다가 함께 먹는 사람들까지 마음이 맞으면 비단에 꽃을 얹은 격이 된다.

붕어찜은 알맞게 졸여졌다. 깔끔하고 상냥한 아주머니가 곁들일 반찬을 내왔다. 소박하다. 무장아찌는 묵은장에서 숙성시켜 채 썰어 기름에 볶았는지 윤기가 자르르 흐르고, 깻잎장 아찌에서도 묵은장의 깊은 향이 솔솔 풍겼다. 지고추는 노랗게 삭아 빛깔만으로도 상큼한 맛이 혀에 감겨 침이 돈다. 모두가 차가운 시절에도 빼앗기지 않은 우리 토종 손맛이다. 동치미를 한 숟가락 떠보니 매콤달콤하고 서늘한 기운에 가슴까지 감전되는 듯하다. 문득 어린 시절 김칫광에서 짚방석 눈을 털고 꺼내 먹던 김치주저리가 그리워진다. 자연 속에서 비 맞고 눈 맞으며 숙성한 자연의 맛 그대로다. 먹거리는 이렇게 제 고장 것이어야 한다. 그래야 영양을 넘어 약이 된다. 그래서 예로부터 먹는 것과 약재는 근원이 같다고 했을 것이다.

어느 아내인가 국자를 들고 나눔 접시에 조화로운 맛을 나누어 돌렸다. 알맞게 졸아 잘 버무려진 조화는 광채가 난다. 노란 알이 툭툭 불거진다. 말린 무청이 국물에 퉁퉁 불어 온갖 양념을 뒤집어썼다. 널찍널찍하게 썰어 바닥에 깔아 놓은 무 조각은 양념 좋은 육수가 배어 붉은 윤기가 자르르 흐른다. 냉동고에 들어가 본 적이 없는 육질은 깐작깐작하여 혀를 매료시킨다. 육수의 정체는 알 수가 없다. 그러나 알려고 할 필요도 없다.

우리는 "당신"에 "멋져"로 화답하는 매끄러운 외침과 함께 소주를 한 잔씩 입에 털어 넣었다. 조심스럽게 가시를 발라낸 맛살 한 점을 입안에 넣어본다. 얼얼하지만 달다. 옛 어른들이 '달다'고 한 맛이 바로 이런 것인가? 다시 입안에 소주를 한 잔 부어 본다. 입안이 깔끔해진다. 동치미 한 숟가락을 마셔 본다. 얼얼했던 입안이 개운하다. 사방이 조용하다. 적막에 소름이 돋는다. 아주머니가 주방에서 우리를 바라본다. 입가에 눈시울에 엷은 미소가 묻었다.

한 냄비의 붕어찜은 조화가 이루어낸 환상의 맛이다. 산전수전 다 겪고 원숙미로 단장하던 중년의 여인 같은 대청호 심연의 붕어가 알맞은 두께의 무 조각, 여리지도 쇠지도 않은 무청, 잘 익은 양념장, 샘봉산 자연수 등 비밀스러운 재료들에다가 안개 묻은 대청호 바람이 불어주는 달 안마을의 월리사 풍경 소리까지 얼러서 조화로 이루어낸 바로 그 맛이다. 붕어찜은 우리 지방의 백곡저수지나 초평 저수지 주변에서 시작되어 보양과 건강을 추스르는 음식이 되었다고 한다. 그런데 근원지의 대부분 식당에 외지 손님들이 몰려 수요를 감당하지 못하자 외지에서 붕어가 들어온다고 한다. 당연히 냉동 보관될 것이다. 그러나 이곳 붕어는 수조에서 힘차게 꼬리를 치며 노닌다. 맛을 넘어 생활의 예술이다.

한동안의 정적이 지나자 잊었던 아내가 보인다. 친구도 보인다. 그제야 냄비에 아직 남아서 임을 기다리는 어두일미를 서로 권하는 예의를 차린다. 부끄럽지만, 고개를 들 수 없지만 잃었던 인간의 허울을 허겁지겁 찾아 걸쳤다. 예의나 염치는 욕망의 심줄인 혀가 싫증을 내야 되돌아온다. 환상의 맛이 잠시 이성까지 잃은 금수로 만들었다.

소주가 몇 잔 더 들어가서 얼굴이 불콰해지자 우리들의 대화는 조금씩 울타리를 넘는다. 울타리 없는 대화는 우정을 더욱 도탑게 한다. 이렇게 우리 민족의 음식은 갖은 재료들이 서로의 맛깔을 주고받으며 환상적인 맛의 조화를 이루어 낸다. 나누어 함께 먹는 정에서 그 조화의 미는 한 겹 두께를 더한다. 맛의 조화는 조화로운 만남에서 오고, 조화로운 만남은 삶의 행복을 가져온다. 그래서 맛의 조화는 육신의 영양이 되고, 만남의 조화는 감성의 불김이 된다.

그침도 없이 내리는 함박눈은 해 지는 줄을 모르고, 울타리를 잃은 우리네 대화는 행복조차 가늠할 수도 기억할 수도 없을 만큼 깊어만 간다.

(2007. ≪손맛≫)

원시의 香

 아침상에 쑥향이 그윽하다. 내 계절 미각의 감별사인 아내가 오늘은 쑥국을 끓였다. 쑥국은 어린 쑥으로 끓여야 하기 때문에 끓일 수 있는 기간이 이른 봄날의 2, 3일 정도밖에 안 되어 때를 맞추기가 여간 힘든 것이 아니다. 그러니 식탁에서 쑥향을 맡으며 내심 감사의 마음을 갖지 않을 수 없다.
 흔히 봄을 알리는 나물로 냉이나 달래를 든다. 그러나 나는 봄의 미각으로 쑥국을 으뜸으로 치고 싶다. 냉이는 황홀한 향을 가지고 있기는 하지만 쑥의 그것만큼 깊고 그윽하지 못하다. 또 달래가 독특한 향과 매콤한 맛이 있어서 잠자고 있는 봄의 입맛을 일깨운다고 하지만, 때로는 봄을 맞는 마음을 태탕하게 뒤흔들어 놓기도 한다. 또한 냉이를 넣은 된장국이나 달래 무침은 그 먹을 수 있는 기간에 여유가 있지만, 쑥국은 아주 어린 쑥으로만 끓일 수 있기 때문에 더 귀하게 여겨지는지도 모른다. 그래서 나는 달래나 냉이보다 쑥을 한 손가락 더 위로 꼽는다. 달래나 냉이가 개나리 진달래라면 쑥은 목련이다. 달래나 냉이가 고등어나 꽁치라면 쑥은 굴비나 도미다.

길고 긴 겨울을 지나면 쑥은 제일 먼저 마른 풀잎을 제치고 올라온다. 마른 풀잎사이로 잎이 솟아오르는 처음에는 흰색이다가 두세 개 정도의 잎이 필 때쯤이면 녹색과 비췻빛의 중간쯤 되는 그야말로 진한 쑥색으로 봄 색깔을 띤다. 그러나 잎의 뒷면은 아직도 파르스름한 빛이 숨어 있는 흰색이다.

다른 봄나물에 비하여 쑥은 향기가 짙기 때문에 생채나 무침으로는 적당하지 않다. 쑥은 음식에 다양하게 이용되지만, 밥반찬으로는 쑥국이나 쑥튀김 정도밖에 없다. 떡에 넣으면 자연의 색을 내면서 아울러 고졸한 향을 낸다. 쑥을 넣은 떡은 소화도 잘된다. 그러나 떡은 손이 많이 가는 음식이다. 그래서 봄에 아주 손쉽게 먹을 수 있는 것은 쑥국이 으뜸이다.

국거리로는 잎이 두세 개정도 핀 아주 어린 애쑥이어야 한다. 날씨가 덥다고 느껴질 때는 이미 쑥잎도 단단해지고 줄기가 억세며 그만큼 향도 짙어 국거리로 적당하지 않다. 쑥국은 손맛만으로 이루어낼 수 없다. 쑥국을 두고두고 오랫동안 먹으려면 적당한 때 뜯어서 손질하여 냉장고에 보관해 둔다. 또 쑥은 윤기가 자르르 흐르는 것은 좋지 않다. 엷고 하얀 털이 보송보송한 것이어야 한다. 윤기가 흐르고 잎이 억센 것은 약용으로나 쓸 수 있는 약쑥이다.

 쑥국은 완자로 끓이는 방법과 쑥을 그대로 넣고 끓이는 방법이 있다. 완자로 빚어서 끓이는 방법은 손이 많이 가기 때문에 쉽게 끓일 수 있는 된장국이 적당하다.

 쑥 된장국은 먼저 미리 준비한 육수나 된장을 풀어서 국물을 만든 다음, 국물이 팔팔 끓으면 씻은 쑥에 날콩가루를 묻혀서 파, 마늘 등과 함께 넣고 팔팔 끓여낸다. 국물을 만들 때는 멸치를 넣어 끓일 수도 있고 쇠고기를 끓여 육수를 만들어 쓸 수도 있다. 조개 같은 것을 넣으면 국물이 더 시원하여 금상첨화이다. 날콩가루를 묻히면 콩의 구수한 맛과 쑥향이 어울려 독특한 맛을 더한다. 쑥을 넣은 다음에는 센 불로 얼른 끓여내야 비타민이 파괴되지 않고 쑥의 푸른빛이 그대로 남아 있게 된다.

 쑥국은 봄의 허둥대는 입맛을 다스리는 데는 더 설명할 나위 없이 좋고, 특히 숙취 후에 속을 다스리는 데는 그만이다. '싸르르' 아팠던 속이 아랫목에 배를 깔고 누웠을 때처럼 따스하고 편안해진다. 이렇게 쑥국을 먹으면 속이 편해지는 것은 냉이나 달래에 비교할 수 없을 만큼 많은 비타민을 함유하고 있기 때문이라고 한다.

 단군신화를 예로 들지 않더라도 우리 민족은 쑥과 함께 살아왔다고 해도 과언이 아니다. 식용으로 뿐만 아니라, 약용으로 쓰이고, 흉년에는 구휼식으로 뺄 수 없는 것이었다. 또 쑥은 액막이를 한다든지 하는 주술적인 의미로 쓰이기도 했다.

한방에서는 부인병이나 지혈, 진통, 강장제로 쓰기도 하고, 단오 때 쑥즙을 짜서 마시면 소화를 돕고 더위를 먹지 않는다고도 한다. 어린 날 코피가 나면 쑥잎을 뜯어 손바닥에 놓고 비벼서 코를 막으면 바로 멈추었던 것을 보면 지혈의 효과를 충분히 알 수 있다.

쑥이 주술적인 의미로 쓰인 예를 단군신화에서 보면, 곰이 수성獸性을 버리고 사람다운 사람이 되기 위한 절제의 약으로 쓰인 것으로 나타나 민족의 쑥에 대한 생각이 반영되었다. 또 세시 풍속으로 단오 때 쑥을 지붕에 얹어 두기도 하고, 부녀자들이 머리에 꽂기도 했는데, 이런 것은 한 해 동안의 액막이였다고 한다.

쑥은 아무리 척박한 땅에서도 봄이 되면 제일 먼저 싹이 나온다. 아무리 가물어도 그 보송보송한 얼굴을 내민다. 심지어는 사막에서도 산다고 한다. 그래서 흉년에도 생명을 보전해 준 것도 쑥이다. 그중에 쑥버무리나 쑥개떡은 높고도 험한 보릿고개를 넘는 데 가장 큰 힘이 되어 주었다.

나는 쑥국을 먹을 때마다 새로운 감회에 젖는다. 주로 아내가 숙취를 다스릴 목적으로 끓여준, 말하자면 나로서는 약으로 먹는 쑥국이었는데, 생명 금칙을 지키느라 술이 필요 없게 된 올봄에는 더 새로운 의미를 발견하게 해 주었다. 주술이나 구휼식으로 먹던 원시의 먹거리가 문명한 이 시대에 다시 건강을 위한 현대의 먹거리로 자리 잡게 된 것은 우연이 아니라는 생각이 든 것이다. 쑥은 문명한 이 시대를 건강하게 살아남기 위해서는 오히려 원시로 돌아가야 하는 것이 아닌가 돌아보게 한다.

  올봄에는 때를 맞추어 마련한 쑥국으로 세상만사 다 버리고 초심으로 돌아갈 수 있는 내면의 보양이나 이루었으면 좋겠다.

(2004. ≪손맛≫)

산초나무꽃을 보니

　미동산수목원에서 산초나무꽃을 만났다. 참 실하게도 피었다. 연두색 꽃이 작은 우산 모양으로 소복하다. 이 꽃을 볼 때마다 꽃보다 예쁜 열매가 더 생각난다. 아니 꽃으로 바로 열매가 보인다. 가을이면 까맣고 윤이 반짝반짝 나는 열매가 꽃처럼 소복소복 달린다. 마치 구슬로 수놓아 만든 작은 장식용 우산을 보는 것 같다. 까만 보석 아래는 빨간색 꽃받침이 받치고 있어서 더 예쁘다. 사실은 열매는 갈색인데 아주 익으면 열매가 벌어져 씨앗이 드러난 것이다. 열매가 예쁘기 때문에 한 송아리 꺾어 손에 쥐면 묘한 약냄새가 난다. 약냄새 때문인지 어떤 마을에서는 분디나무라고도 한다.
　산초나무는 가시가 날카롭고 길다. 잔가지는 물론이고 밑동까지 가시가 있어서 종아리에 닿기만 해도 영락없이 할퀴어 생채기를 낸다. 산성 답사를 다닐 때 잔가지는 얼굴을 할퀴고 팔을 긁어 놓기도 하고, 밑동은 종아리를 찌르고 베어 놓는다. 그래도 성이 차지 않으면 바짓가랑이에 매달려 잡고 놓아주지 않던 가시 많은 나무다. 그렇게 잡고 놓아주지 않았기에 서두르지 않고 돌덩이를 조심해서 밟고 머리를 숙이고 겸손하게 다닐 수 있었는지도 모른다. 100여 개 산성을 다니는 동안 무사했던 것도 따지고 보면 산초나무 가시 덕이다. 그러니 산초나무는 날카롭지만 고마운 가시나무다. 우리네 삶에서도 가시 있는 말처럼 대개 겉으로 거치적거리지만 내면에 도움을 주는 경우가 많은 것을 보면 그 고마움을 알 수 있는 일이다.

산초나무에 대한 더 오래된 기억도 있다. 70년대 초 오지인 의풍학교에 햇병아리교사로 근무할 때 학부모 집에 초대받아 고약한 약 냄새가 나는 두부부침을 먹은 적이 있다. 처음에 약냄새처럼 역겁기도 해서 억지로 먹었는데 그것이 산초기름에 구운 것이라는 걸 나중에 알았다. 고향 뒷산에도 산초나무가 있고 열매를 보았지만 그것으로 기름을 짜서 두부를 부쳐 먹는 것은 의풍에서 처음 알았다. 그런데 한번 맛을 들이자 두부부침은 물론 고춧잎나물무침도 산초기름을 써야 비리지 않았다. 가으내 산초기름을 먹으면 겨우내 감기도 없었다.

문득 의풍에서 먹던 산초기름이 생각나니 오늘 연두색으로 피어난 꽃이 더 예쁘다. 입안에서 잃었던 미각이 되살아난다. 미각은 추억을 자극한다. 추억은 그리움의 산물이다. 사십오 년 전 옥수수 엿술 안주로 산초기름에 구워낸 두부를 내오던 의풍 아낙네들이 그립다. 의풍의 여인들은 살림은 가난해도 정은 가난하지 않았다. 사람살이에 따듯한 정이 은근하다. 사택이 부족해서 화전민을 이주시키기 위한 임시 가옥을 빌려 거처하는 총각선생을 끼니마다 불렀다. 강냉이를 삶아도 부르고, 감자를 쪄도 불렀다. 거친 밀가루로 국수를 해도 부르고 올챙이묵을 해도 불렀다. 제사 지낸 날 아침, 모심는 날 점심, 물고기 잡아 매운탕 끓인 저녁에도 아이들을 보냈다. 그렇게 정을 퍼 먹이고 돌아올 때는 산초기름에 구워낸 두부, 고춧잎 나물무침, 이름도 모르는 산나물무침을 싸서 들려주었다. 빈손으로 보낼 줄을 모르는 의풍 아낙들의 사람살이에 들이는 정이 그랬다. 지금도 산초나무꽃을 보면 의풍 아낙네들의 산초기름 같은 정이 살아난다. 산초나무 가시처럼 거친 손, 경상도 사투리인지 강원도 사투리인지 억센 말씨 속에 담긴 따뜻한 정이 살아난다.

산초나무 열매는 진한 냄새만큼 진한 추억과 그리움을 지니고 있다. 그런 정과 그리움은 사십오 년이 지난 지금이 오히려 생생하다. 가끔 승용차로 서너 시간을 달려 두 번째 고향 같은 의풍 마을을 찾아갈 때가 있다. 시대가 바뀌고 인심이 변하여 옛날 같은 정은 기대하지 않는다. 그러나 지금은 팔순 넘은 할머니가 된 당시의 젊은 아낙네들의 손에는 아직도 산초기름의 고소한 약냄새가 남아 있다. 손이 따듯하고 말씀이 순하고 눈길에 정이 가득하다. 지금도 닭을 잡아주지 못해 안달이고 더덕이나 묵나물을 싸주지 못해 안타까워한다.

푸른 산을 바라보고 사는 사람들, 맑은 물소리를 들으며 아침을 맞는 사람들의 마음은 산의 색깔이나 물소리처럼 세월이 지나도 그대로인가 보다. 아니 산초기름에 두부 구워먹는 사람들의 말씀은 순하고 손에 온기가 남아 있게 마련인가 보다. 의풍에 남아 있는 내게 배운 젊은이들, 젊은이라야 오십이 넘었지만 그들도 그때의 어머니만큼 따듯한 손길을 타고 태어난 것 같다. 세대는 바뀌어도 정은 이어받았다. 도회로 나온 나만은 그 분들의 정을 이어받지 못한 것 같다.

사람이 정을 만드는 것인지, 산천이 사람을 만드는 것인지, 가시 많은 산초나무가 꽃을 피우고 열매를 맺는 것을 보면서 아무래도 자연이나 세상은 우리에게 어려움이나 좌절만을 내려주는 것은 아님을 깨닫는다. 자연은 우리에게 눈에 보이는 가시로 시련만 주는 것이 아니라 보이지 않는 채찍으로 따듯한 정을 나누어주기도 하는 것이다. 그런 깨달음을 얻은 것만으로도 내겐 자연이 주는 혜택이고 신이 내린 은총이다. 뭔가 꽉 차지 못하고 허랑한 내게 미동산수목원에 피어난 산초나무꽃은 약 중의 명약이다.

(2019. ≪들꽃 들풀에 길을 묻다≫)

벼꽃, 밥꽃 하나 피었네

주중리 들녘이 입추를 맞았다. 그래도 더위가 가려면 아직 멀었다. 낮에는 정수리에 화상을 입을 만큼 따갑지만 새벽에 농로를 달릴 때 가슴에 스치는 바람에는 서늘한 기운이 묻어난다. 볼때기에 서늘한 바람을 맞으니 문득 햅쌀밥이 그립다. 혀에 닿는 부드러운 햅쌀밥이 여름내 보리밥으로 거칠어진 입안을 어루만져 주리라. 길가에 무궁화가 소담하다. 무궁화가 피기 시작하고 100일이면 고대하는 햅쌀밥을 먹는다고 했다. 자전거를 타고 달리는 농로 아래 벼는 아랫배가 통통하다. 내 아랫배까지 통통해진다.

시멘트 다리를 건너 140도쯤 돌아서면 버드나무 우거진 방천둑길이다. 우거진 버드나무 가지마다 가시박덩굴이 올라타기 시작했다. 태양은 버드나무나 가시박이나 공정하게 볕을 주고 생명을 준다. 그런데 가시박은 기어이 버드나무 명줄을 졸라댄다. 주중리 농부들은 가시박을 미워하면서도 베어내지는 않는다. 볏논에 더 부지런하고 알뜰하다. 길가 자투리땅에도 도라지꽃이 하얗다. 땅을 소중하게 여기는 사람들은 도라지 밭가에 부추도 심었다. 모두가 우리 몸을 지탱하는 보약이다. 한 배미를 지나고 또 한 배미를 지나 자전거를 딱 멈추었다. 꽃을 본 것이다.

벼꽃이 피었다. 자전거를 세우고 논두렁 아래로 내려갔다. 엊그제까지도 통통했던 아랫배가 터져 올라온 것이다. 아, 그래서 벼꽃은 피었다고 하지 않고 패었다고 하는구나. 오늘 새벽 벼꽃을 본다. 꽃 한 송이에 쌀이 한 톨이다. 쌀 한 톨은 밥이 한 알이다. 벼꽃은 밥꽃이다. 생명의 꽃이다. 한 줄기 벼이삭은 밥이 한 공기이다. 한 배미 벼꽃은 수천 명 생명줄이다. 벼꽃은 곧 우리 목숨이다.

밥꽃이 핀 볏논 자투리땅에 도라지꽃, 부추꽃, 호박꽃, 가지꽃을 함께 피우는 주중리 사람들의 슬기가 아름답다. 풋고추 붉은 고추까지 주렁주렁 매달린 농로에 서서 들판을 바라본다. 칠첩반상을 바라보는 것이다. 이렇게 너른 들이 그냥 우리네 밥상이다. 나으리들이 제 밥사발을 채우려 싸움질할 때 농투사니들은 이 들판에서 겨레의 밥상을 준비한다. 우리는 들풀 같은 민초들에 기대어 산다.

계룡산 신원사 고왕암은 백제 마지막 태자 부여융이 숨어 있다가 김유신의 부하에게 잡혀 소정방에게 넘겨진 일이 있는 절이다. 지금도 태자가 숨어 있던 토굴이 남아있다. 언젠가 고왕암을 답사하고 내려오는 길에 신원사 일주문 바로 아래에서 밥꽃을 발견했다. 밥집 이름이 '밥꽃 하나 피었네'였다. 밥집 이름 치고 좀 길기는 하지만 도저히 잊어버릴 수 없을 것 같았다. 좋은 사람과 마주 앉아 밥꽃 한 상을 받았다. 상을 두 번 차려 내온다. 첫 상은 자투리땅 모습이고 두 번째 상은 볏논을 옮겨온 듯하다. 먼저 나온 상에는 두부김치, 가지고지볶음, 애호박고지볶음, 떡볶이, 나물전과 양념장, 청국장김쌈, 남새샐러드, 감자샐러드이다. 밥상이 꽃밭이다. 젊은 밥상 도우미는 벼꽃처럼 음전하다. 나직나직한 말 씀씀이가 미덥다. 물을 때마다 고분고분 차림을 일러준다. 둘이 다 밥꽃을 닮아 있다. 첫 상을 거두고 이제 밥꽃이 나왔다. 가운데에 떡갈비가 떡하고 놓이더니, 된장찌개, 고춧잎무침, 방풍나물무침, 부지깽이나물장아찌, 쌈채소와 쌈장, 마늘과 풋고추, 견과류 볶음으로 상이 가득하다. 그리고 밥꽃 한 사발이다. 밥상 위에 주중리 들판을 옮겨왔다. 벼꽃이 피고, 가지꽃이 피었다. 노란 호박꽃도 하얀 도라지꽃도 피었다. 벽 한 면을 털어 만든 통유리창으로 세상이 보인다. 가까이 밥꽃 피우는 농장에서 천년초를 비롯한 가지가지 채소가 올라오고, 멀리 관음봉에서 연천봉으로 이어지는 산줄기가 용틀임하는 기운도 밥상 위에 내려앉았다. 천년초 차를 마실 때쯤 나는 주중리 볏논의 오래되고 깊은 의미를 미각으로 깨우쳤다.

  벼꽃은 생명이고 명줄이라고 해서 그렇게 예쁜 것만은 아니다. 논두렁 아래 내려가 가만히 패어 나오는 벼꽃을 살펴본다. 나락 알알에 먼지가 묻은 것 같다. 불타던 솔가지가 사위어 날린 재티 같다. 시시하다. 어느 시인이 오래 보면 예쁘다고 했다. 어느 스님은 일부러 멈추어 서서 보아야 할 것도 있다고 했다. 이미 멈추어 섰으니 오래 보자. 말간 연두색 벼 알갱이 뾰족한 꼭대기가 약간 벌어져 있다. 벼를 말하는 한자 벼도稻자를 보면 벌어진 모습이 그대로 상형되었다. 벌어진 틈으로 꽃술이 비어져 나왔다. 재티 같기도 하고 동부 거피가루같이 하얀 것은 꽃잎이 아니라 꽃술이었다. 조심스럽게 세어보면 똑같은 꽃술이 여섯 개이다. 그렇다. 여럿인 걸 보면 틀림없이 얘들이 수술이다. 그럼 암술이 있어야 한다. 안경을 다시 올려 쓰고 들여다보았다. 여왕 같은 암술이 수술들 가운데 그 안에 계시다. 육판서가 시위한 암술 여왕님이시다.

  들으니 벼꽃은 벌 나비의 도움을 받지 않고도 은밀하게 사랑을 이룬다고 한다. 이른바 자가수분이란다. 볏잎 무희들이 살랑살랑 미선을 흔들어 바람을 보내면 벼꽃은 합궁을 이룬다. 합궁은 주로 볕이 화사한 정오에 치른단다. 이슬이 허튼 물방울을 보내는 것을 경계함이다. 운우의 즐거움을 누리는지는 알 수 없지만 신비롭고 신성한 한낮이다. 합근슴巹의 순간이 수줍은 벼 껍질은 갑자기 옷깃을 오므려 수술을 떼어내고 암술만 다독여 내밀한 여왕의 산실로 모신다. 산실에서 땅의 기운에 의지하고 태양의 힘을 얻어 알이 차고 영글어 한 톨의 쌀이 된다. 쌀 한 톨 한 톨이 신비스러운 보석이다. 보석이 사람을 살리는 밥이 된다. 벼꽃은 밥꽃이다. 가을 들판은 밥꽃이 신비롭게 영그는 보석의 밥상이다.

밥꽃이 아름다운 것은 신이 내린 생명의 꽃밭이라 그렇다. 벼꽃은 우리 생명을 다지려고 피어난다. 주렁주렁 풋고추 붉은 고추도 밥꽃을 밥꽃답게 하려고 볕을 받는다. 벼꽃은 밥꽃이다. 생명의 꽃이다.

오늘 새벽에도 주중리 들에서 생명의 꽃을 얻어온다.

(2016. ≪들꽃 들풀에 길을 묻다≫)

하늘말나리의 하늘

옥천 화인산림욕장에 갔다. 화인산림욕장은 안내중학교에서 안남면 소재지로 넘어가는 화학리 고개에 있다. 칠팔 년 전 화학산성 답사 갔던 일이 있다. 이 골짜기를 간신히 찾아 지도를 보면서 화학산성으로 올라갔다. 성은 다 무너지고 다래덩굴이 뒤덮어 성벽을 볼 수조차 없었다. 그런데다가 시커먼 살모사 부부를 만나서 기대했던 화학산성 답사를 포기할 수밖에 없었다. 하늘은 보지 못하고 뱀만 보고 내려온 것이다. 뱀을 싫어하는 나는 그 후에도 화학산성을 다시 답사할 생각을 아예 하지도 않았다. 그런데 그 옆에 화인산림욕장이 있었던 것이다.

화인산림욕장은 메타세쿼이아, 잣나무, 리기다소나무, 토종 소나무 등 30년 이상 된 나무들로 숲을 이루었다. 그중에 메타세쿼이아는 이 삼림욕장에서 주인 노릇을 하는 가장 볼만한 나무다. 화학리와 인포리에서 한 자씩 따서 화인산림욕장이라고 이름을 지었나 보다.

완만한 숲길을 걸으면 좋은 이야기만 나누게 된다. 이름대로 삼림욕을 실컷 하도록 지그재그로 길을 내놓았다. 대화가 좋아 십리 남짓 산길이 금방이다. 하늘을 찌르는 메타세쿼이아 숲이라고 나무만 보이는 것도 아니다. 나무 아래에는 가지가지 들풀이 살고 거기서 들꽃이 피어난다. 버섯도 돋았다가 사라진다. 수많은 미생물도 살고 있을 테고 지금은 이미 산중의 왕이 된 멧돼지도 살고 있는 흔적이 보인다. 멧돼지가 지렁이나 땅강아지를 찾느라 낙엽을 헤쳐 놓은 풀숲이 수두룩하다. 멧돼지가 금방 멱을 감은 늪지도 있고 몸을 비비고 간 참나무도 있다. 이들은 다 숲에서 경쟁 없이 공존한다. 그들에게 에너지를 무제한 내려주는 태양이 있기 때문이다.

내려오는 길에 풀숲에 혼자 피어 있는 하늘말나리 꽃을 만났다. 하늘말나리는 이름 그대로 하늘을 향해 핀다. 한줄기에 주황색으로 피어난 세 송이가 나란하다. 하늘을 향해 더 높게 올라간 놈도 쳐진 송아리도 없다. 서로 시기하지도 않고 제가 더 예쁘다고 나서지도 않고 하늘에 먼저 닿겠다고 경쟁하지도 않는다. 일란성 쌍둥이처럼 똑같다. 꽃잎 여섯 장, 수술 여섯 개, 암술 한 개가 어김없이 똑같다. 한 줄기에서 올라와 끄트머리에서 셋으로 갈라져서 그런가 보다. 저희끼리 동기간임을 알고 있을까.

  하늘말나리는 땅을 향해 피는 땅나리나 하늘도 땅도 아닌 중간 세계를 보고 피는 중나리랑 다르게 하늘을 향해서 핀다. 그래서 하늘나리이다. 이 아이들은 하늘을 향해서 무얼 바랄까. 무엇을 바라든지 똑같이 바라겠지. 꽃잎도 여섯, 수술도 여섯이서 저희들의 작은 하늘인 암술을 에워싸고 승은承恩 내려드릴 날을 기다리고 있을 것이다. 하늘에서 받은 은혜를 저희들의 하늘인 암술에 내려드릴 날을 말이다. 사람들은 수컷을 하늘이라 여기지만 하늘말나리는 암컷이 하늘이다. 생각해 보면 모든 꽃은 암술이 하늘이다. 암컷을 하늘로 생각하니 저희들끼리 다툴 필요가 없는 것이다. 승은은 싸워서 얻어지는 것이 아니라 운명적 만남으로 이루어진다. 하늘의 에너지를 받아 저희들 하늘에 함께 내려드리면 되는 것이다.

  나의 하늘은 무엇일까. 저렇게 쭉쭉 뻗은 나무 사이로 내게 내려줄 하늘빛은 어떤 색깔일까. 나는 한 줌이라도 빛살을 더 받으려고 누구와 다투지는 않았을까. 결국은 주는 대로 받을 수밖에 없는 것을···.

  메타세쿼이아가 하늘을 가린 사이로 햇살은 빛살이 되어 은총처럼 내리고 있다. 하늘말나리꽃이 더욱 이들이들하다.

(2019. ≪들꽃 들풀에 길을 묻다≫)

칠보산 함박꽃

　신라 법흥왕 때 유일대사가 괴산 쌍곡리에 절을 세우려고 공사를 시작했다. 이때 까마귀 떼가 나타나더니 대팻밥을 물고 어디론가 날아갔다. 스님이 따라가 보니 어느 작은 연못에 대팻밥을 떨어뜨렸다. 그런데 그 연못 안에 석불이 있었다. 스님은 연못을 메우고 그 자리에 절을 짓고 '연못에 부처님이 있어 깨달음을 얻었다(覺有佛於淵中).'라는 의미로 각연사(覺淵寺)라 하였다. 보개산각연사는 칠보산 아래에 있는 것으로 다들 알고 있지만 대웅전은 보개산을 주봉으로 칠보산을 안산으로 하고 있다.
　대웅전에서 바라보이는 동남쪽 계곡으로 낙락장송 그늘 아래 산철쭉 꽃을 바라보면서 한 시간 반쯤 오르면 칠보처럼 아름다운 칠보산이다. 각연사 부처님은 날마다 중생이 아닌 칠보를 바라보고 있다. 대웅전 바로 앞은 비로전이다. 비로전 돌부처님은 오른손으로 왼손 검지를 감싸 쥐고 있는 비로자나부처님이다. 처음 연못에 계셨던 부처님인지 알 수는 없지만 지권인智拳印으로 세상은 모두 하나임을 가르치고 있다. 천년을 칠보만 바라보고 한 번도 다른 곳에 눈길을 준 것 같지 않다. 하지만 한 곳만이 아니고 온누리의 중생을 향하고 있을 것이다. 광배 구름무늬 속에 핀 연꽃은 혹 목란이 아닐까 싶다. 신라의 다른 부처님처럼 화려하지는 않지만 단아한 모습이다. 과연 진리의 세계, 불법의 세계를 두루 통솔할 것 같은 상호이다.

지난 유월 초 칠보산에 또 올랐다. 각연사에 차를 두고 청석재로 올라가 정상에서 백두대간을 조망하고 활목고개로 내려오기로 했다. 처음 보는 것은 아니지만 통일대사 탑비를 얼른 보고 싶었지만 돌아간 까닭은 청석재에서 778m 정상에 올라 각연사를 본 다음 내려오는 길에 각연사 중창 스님의 탑비를 보면 다른 감동이 있을 것이라는 생각이 문득 들었기 때문이다. 일행은 부부등산모임이라 걸음이 느리다. 그 대신 주변을 다 돌아볼 수 있다. 지난 사월 산불처럼 타오르는 산철쭉은 이제 다 지고 푸른 활엽수가 유월의 따가운 볕을 가려주고 있었다.

정상에서 바라보이는 희양산, 장성봉, 대야산으로 이어지는 백두대간은 수려하기 이를 데 없다. 장성봉에서 한 줄기가 꿈틈꿈틈 내려와 보개산을 이뤄내고, 거기서 둘로 나뉜 한 줄기가 활목재에서 고개를 한 번 숙인 다음 불끈 칠보산을 일으켰다. 칠보와 보개가 빚어낸 목란의 화심자리에 각연사가 앉아 있다. 비로자나부처님은 백두대간의 기운을 쓸어 담고 있는 터전에 좌정하여 여기 정상에 서있는 나를 보고 있을지도 모를 일이다.

정상에서 내려와 활목고개를 지나 통일대사탑비에 이르렀다. 천여 년 전 고려 광종 대에 조성된 것으로 알려졌는데 기단 위에 귀부, 비신, 이수가 완벽하게 갖추어져 전해지는 것은 놀라운 일이다. 지난번에는 보지 못했던 기이한 꽃무늬를 발견했다. 귀부의 등 가운데 비신받침에 연꽃을 엎어놓은 모양인 복련좌 무늬인 것이다. 복련좌는 사실은 목란이라 불리는 함박꽃이 피는 모양새이다. 이렇게 아름다운 비신이 각연사를 향하고 있다.

통일대사탑비에서 조금 내려오면 각연사 부도탑 2기가 있다. 부도탑 바로 아래를 돌아오다가 문득 함박꽃을 발견했다. 한 250cm 높이의 작은 나무인데 널찍널찍한 잎으로 하늘을 가리고 그 아래 숨어서 하얗게 피었다. 어떻게 이렇게 고울 수가 있나. 새하얀 꽃잎 한가운데 노란 화심이 있고 그 주변을 우아한 보랏빛 수술이 둘러쌌다. 백작약 모습을 닮았다. 그래서 함박꽃이다. 연꽃도 하늘을 향하여 피고, 백작약도 하늘을 향하여 핀다. 그런데 함박꽃이라 불리는 목란은 땅을 향해 핀다. 목란이랑 비슷한 목련은 수명을 다하면 하루아침에 우수수 져버리지만, 함박꽃은 연꽃 밭에 간 것처럼 지는 것도 있고 피는 것도 있고 잎새 뒤에는 새알 같은 봉오리도 숨었다. 그야말로 피고지고 또 피는 무궁화처럼 두고두고 피어난다. 은은한 향기도 부처님 자비처럼 멀리멀리 퍼져나간다.

옛날에 한 선비가 공부만 하느라고 건강을 돌보지 않아 콧병이 생겼다. 지금으로 이르면 축농증이 생긴 것이다. 냄새도 맡을 수 없고 더러운 콧물이 주체할 수 없이 흘렀다. 코에서 지독한 냄새가 나서 가족들조차 슬슬 피했다. 선비는 죽어버릴 결심으로 산에 올라 칡넝쿨을 끊어 올가미를 만들어 나무에 걸고 목을 매었다. 그때 나무꾼이 소리치며 만류했다. 선비는 자결을 실패하고 병을 고쳐줄 의원을 찾아 유랑생활을 떠났다. 어느 마을에 도착했다. 의원이 있어 진찰을 받았는데 흔히 볼 수 있는 목란꽃 말린 것으로 처방해 주었다. 헛일 삼아 달여 먹었는데 축농증이 서서히 나았다.

우리는 목란, 산목련, 천여화, 신이화辛夷花 등 여러 가지 이름으로 불리는 함박꽃 전설을 이야기하며 소담하고 어여쁜 꽃과 은은한 향기에 취했다. 생각해보니 함박꽃은 각연사 비로자나부처님이 바라보는 바로 그 자리에 피었다. 통일대사 탑비의 이수도 이곳을 바라보고 있다. 아니 비신 받침 복련좌가 바로 이 함박꽃인 목란을 본떠 그린 것이 아닐까 하는 생각도 들었다. 칠보산 정상에서도 보개산 정상에서도 여기가 중심이다. 통일대사 부도탑도 여기를 바라보고, 각연사 본래 절터에 있는 석조귀부도 목이 남아 있다면 여기를 바라보고 있는 셈이다. 여기가 중심이다. 하늘도 땅도 온 세상이 나를 향하고 있고 나로부터 시작이다. 부처님 자비가 이곳으로 모여들고 구원의 손길이 여기에서 시작한다.

함박꽃은 묵상인지 수줍음인지 땅만 바라보고 있다. 백두대간으로부터 각연사 골짜기까지 뻗쳐 내려온 온갖 기운에 감응하여 피어난 꽃이다. 함박꽃이 곧 비로자나부처님이고 통일대사이다. 그 영험으로 선비는 축농증이 낫고, 나는 법열인지 푼수인지 벙그러지는 미소를 감출 수가 없다.

내려오는 길, 각연사 둘레 붉은 꽃들이 깔깔거리며 웃고, 푸른 나무들이 두 손을 모았다. 물소리는 범패가 되고 새소리는 게송이 되었다. 나는 가슴이 터질 것도 같고 하늘을 날 것도 같았다. 보개산을 올려다보니 산도 물도 꽃도 나도 부처도 모두가 하나다.

(2018. ≪들꽃 들풀에 길을 묻다≫)

■ 연보

1952.   청주시 흥덕구 죽림동에서 출생
1965.   남이초등학교 졸업
1968.   청주남중학교 졸업
1971.   운호고등학교 졸업
1973.   청주교육대학교 졸업
1973. 4.   단양 의풍초등학교 교사 (4년)
1974. 3.   의풍리 청소년 42명 모아 의풍야학 개교
1977. 3.   청주 금관초등학교 (2년)
1979. 3.   청주 옥포초등학교 (3년)
1979. 6.   송병숙과 결혼
1980. 6.   아들 용범 출생
1982. 3.   청주 오창초등학교 (1년)
1982. 6.   딸 기현 출생
1983. 2.   청주대학교 인문대학 국어국문학과 졸업
1983. 4.   단양여자중학교 교사로 전직(1년)
1984. 3.   단양여자고등학교, 단양고등학교 교사(4년 6월)
1988. 9.   청주여자고등학교 (5년 6월)
1994. 3.   청주 금천고등학교 (3년)
1995.   한국민속학회, 월곡고전문학연구회 입회
1996. 2.   한국교원대학교 대학원에서 교육학 석사학위 받

음 (논문 : 윤지경전 연구)
1997. 3. 진천고등학교 (3년)
1998. ≪한국수필≫ 신인상 수필 등단(〈사람 만드는 사람〉, 〈축 읽는 아이〉)
1998. 한국수필가협회, 충북수필문학회, 내륙문학회 입회
1999. 충청일보 칼럼 〈무심천〉에 칼럼 집필 (16회)
1999. 충북수필문학회 주간 (8년)
2000. 인터넷 블로그 〈느림보 이방주의 수필마루〉 개설
2000. 3. 청주금천고등학교 (5년)
2001. 제7차 교육과정 고등학교 문학 교과서 심의위원 위촉(한국교육과정평가원)
2002. 한국수필작가회 가입
2003. 수필집 《축 읽는 아이》 (선우미디어) 출간
2004. 한국수필작가회 홈페이지에 음식문화 제재 수필 연재(20여 편)
2004. 한국수필작가회 이사
2004. 청주시 죽림동 월천마을 유래비문 지음
2004. 7 인터넷 교과서 《고등학교 한국어》 (재단법인 율촌재단) 수필단원 집필
2005. 2. 단재교육연수원 신규 임용자 과정 강의 (학급경영의 이론과 실제)
2006. 연풍중학교 교사 (2년), 괴산군중등국어교육연구회장

2006. 9. 연풍중학교 책 읽는 학부모모임 결성 자문
2007.　　내륙문학회 회장 취임
2007.　　충청투데이 금요 칼럼 집필(2년간)
2007.　　제14회 충북수필문학상 수상
2008.　　중부매일에 수필 연재(4년간)
2008.　　산남고등학교(3년)
2008.　　청주 dbs〈오늘의 충북〉매주 금요일 3분 칼럼 방송(16회)
2009.　　수필집 ≪손맛≫(북나비) 출간
2010.　　대한민국 모범공무원상 수상(국무총리)
2010.　　칼럼집 ≪여시들의 반란≫(채움애드) 출간
2010.　　우리문학의 숲 ≪윤지경전≫(주식회사 대교) 출간
2011. 3. 충북고등학교 (2년 6월)
2011.　　내륙문학 세미나 주제 발표〈한국 문학에 나타난 죽음에 관한 의식〉
2012.　　충북일보에 수필 연재 (2년간)
2013.　　충북수필문학회 세미나 주제 발표〈한국문학의 시간과 공간의 의미〉
2013. 8. 명예퇴직 (40년 5개월)
2014. 1. 청주시 1인1책 만들기 지도 강사(2년)
2014. 2. 대한민국 황조근정훈장
2014. 9. 서원대학교 평생교육원 수필창작교실 강사
2014. 9. ≪창조문학≫에 문학평론 천료 (작품: 수필적 상

상으로 형상화한 삶의 근원적 가치 - 목성균의 누비처네를 중심으로-)
2014. 10. 수필집 《풀등에 뜬 그림자》(수필과비평사) 출간
2014. 12. 제 17회 내륙문학상 수상
2014. 12. 계간 《에세이포레》〈이방주의 음식 이야기〉 수필 연재 시작(2년)
2015. 2. 충북수필문학회장 취임(16대)
2015. 12. 청주대학교 국어문화원 주최 인문학 강좌 〈생활 속의 수필 쓰기〉 강의
2015. 12. 충청매일에 〈느림보의 山城山寺 찾기〉 연재 시작 (현재까지 5년째)
2016. 1. 한국문인협회 가입
2016. 3. 청주교육대학교 평생교육원 수필창작교실 강사 (2020년 현재까지)
2017. 10. 수필집 《가림성 사랑나무》(수필과비평사) 출간
2017. 12. 제9회 인산기행수필문학상 수상
2018. 1. 문화공간우리 운영위원, 문화공간우리에 이방주의 수필산책 강좌 개설(1년)
2018. 3. 한국수필가협회 감사
2018. 5. 월간 《한국수필》 편집위원
2018. 6. 청주시 흥덕구 봉명동 400년 소나무 봉황송 유래 비문 지음

2018. 6. 무심수필문학회 창립
2018. 8. 재한동포문인협회 주관 문학세미나 특강 〈수필, 일상의 해석과 의미화〉
2019. 11. 청주시 1인1책 만들기 지도 강사 대상 특강〈수필 적상상의 발동체계와 문단쓰기〉
2020. 4. 수필집 《들꽃 들풀에 길을 묻다》(도서출판 밥북) 출간
2020. 5. 수필집 《부흥백제군 발길 따라 백제의 산성 산사 찾아》 출간

현대수필가 100인선 Ⅱ· 90
이방주 수필선

덩굴꽃이 자유를 주네

초판인쇄 | 2020년 6월 15일
초판발행 | 2020년 6월 25일

지은이 | 이 방 주
펴낸이 | 서 정 환
펴낸곳 | 수필과비평사 · 좋은수필사

주 소 | 서울시 종로구 삼일대로 32길 36,
       305호(익선동 운현신화타워)
전 화 | 02)3675-5635, 063)275-4000
등 록 | 1984년 8월 17일 제28호
홈페이지 | http://www.shinapub.com
e-mail | essay321@hanmail.net

값 8,000원

ISBN 979-11-5933-271-5　(04810)
ISBN 979-11-85796-15-4　(전 100권)

* 저자와 협의하여 인지는 생략합니다.
* 잘못된 책은 바꿔 드립니다.